巴黎倫敦

女
和
午安
早安

WELCOME TO LONDON

歐洲之星 ★ 雙城記

同為世界的政治與經濟重心，也都是浪漫時尚和高貴優雅的象徵，
跳脫國界框架，讓歐洲之星帶你同時暢遊巴黎與倫敦！

一趟跨語言、文化與時差的旅行

　　現在想想，第一次搭乘歐洲之星從巴黎前往倫敦，已經是十幾年前的事了！

　　那時住在巴黎的我，利用聖誕假期前往倫敦欣賞音樂劇，那趟旅程中充滿新鮮的第一次，既是第一次前往英國、第一次欣賞音樂劇，也是第一次搭火車經海底隧道前往他國或他島……儘管遇上地鐵停駛、哈洛德百貨提前打烊、甚至來不及前往大英博物館參觀等「意外」，依舊是趟堪稱美好的旅行。

　　而後這幾年來，我多次前往巴黎和倫敦，但由於時間有限，所以總是以單國為主。去年，在終於擁有一段長假的情況下，我決定再度前往倫敦一趟，慢慢走走逛逛，好好感受這個每次前往便好感度倍增的城市。就在敲定行程、開好機票、訂好民宿的同時，我突然覺得不如就玩得更大，順便跑一趟巴黎，反正搭乘歐洲之星也不過約 2 小時 30 分鐘的時間，提早預訂或持有英法任何一國的火車通行證均可享有優惠，這對喜歡搭火車旅行的我來說無疑是一大誘因，就這樣，我火速延展了行程。

另一個讓我決定同時旅行巴黎和倫敦的原因，在於這兩座城市有著許多同中有異、異中求同的地方，同樣由羅馬人創立於「母親河」塞納河和泰晤士河畔，這兩座城市如今分別發展成浪漫時尚和高貴優雅的象徵，你可以透過羅浮宮和大英博物館、蒙馬特和諾丁丘、迦尼葉歌劇院和莎士比亞劇院，以及咖啡館文化和英式下午茶等面向，體驗她們類似卻又帶點差異性的城市風情，特別是在同一趟旅行中對比，絕對能帶來更深刻的印象。

　　如果說起戲劇效果，同遊巴黎和倫敦還能產生意想不到的趣味，像是白天參觀過勒胡（Gaston Leroux）寫下驚悚愛情小說《歌劇魅影》（Le Fantôme de l'Opéra）的迦尼葉歌劇院後，搭乘歐洲之星前往倫敦，當天夜晚就能在劇院區欣賞安德魯‧洛伊‧韋伯（Andrew Lloyd Webber）改編的同名音樂劇；或是上午在巴黎左岸咖啡館悠閒的喝杯咖啡，下午到倫敦泰晤士河畔的老酒吧歡暢的痛飲啤酒……你會發現，一旦跳脫國界框架後，巴黎與倫敦就成了城市與城市間點對點的探索，為旅行帶來極致的自由！

彭欣喬

PARIS

PART I

城市面貌

巴黎與倫敦

WELCOME TO LONDON

巴黎篇

PARIS

見證法國歷史的巴黎市政廳（Hôtel de Ville）

 # 大風大浪洗鍊出的光輝之城

　　關於巴黎的名稱，一說來自荷馬史詩《伊利亞德》（Iliás）的特洛伊王子帕里斯（Paris），另一說則和最初聚集於塞納河畔的一支高盧部落巴黎西人（Parisii）有關。無論如何，這座歐洲的大都會早在西元前 4200 年時已有人煙，無疑是世界上最古老的城市之一！

　　羅馬人在巴黎西人之後來到這裡，原本以西堤島（la Cité）為核心的聚落，因宮殿、競技場、浴場和花園等設施的出現，開始有了城市的面貌。法蘭克人在西元 508 年時占領了這片土地，克洛維一世（Clovis I）宣布為王並奠定今日法國的基礎。而後歷經分裂、維京人的入侵等紛擾，終於在西元 987 年時開創了法蘭西（Royaume de France）的第一個王朝卡佩（Capétiens），同時定都巴黎。

　　十一至十二世紀無疑是巴黎的輝煌時代，不但向右岸發展，還出現了大量的城市建設，包括巴黎聖母院（Notre Dame de Paris，P176）、聖禮拜堂（Sainte-Chapelle，P158）和羅浮宮（Palais du Louvre，P082）等。然而十四和十五世紀中葉兩度爆發的黑

以羅浮宮為背景的藝術橋是巴黎最經典的畫面之一

死病疫情持續至十七世紀，同時期的百年戰爭和 1789 年 7 月 14 日爆發的法國大革命等紛爭，都讓巴黎數度跌入低谷，儘管期間興建了杜樂麗宮（Palais des Tuileries）和凡爾賽宮（Château de Versailles，P068），但巴黎展現的還是髒亂、曲折、狹窄的典型中世紀城市樣貌。

　　直到法國大革命結束後，拿破崙針對巴黎擴建與整治，出現了許多古典主義風格的建築；1859 年，拿破崙三世委任奧斯曼男爵（Baron Georges Eugène Haussmann）對這座城市展開大刀闊斧的改建，開闢林蔭大道、整修下水道系統，以大量新古典主義風格的設施讓巴黎終於改頭換面，蛻變成今日的花都。

　　二十世紀初的兩次大戰期間，巴黎都未遭受嚴重的破壞，因而成為許多藝術家和文學家的「避居之處」，文化不退反進，甚至蓬勃發展，今日的巴黎就是在這樣的背景下，成為歐洲乃至於世界的文化、藝術、時尚、政治之都。

共和廣場（Place de la République）上的雕像特寫

位於拉丁區的聖日耳曼德佩修道院（Abbaye de Saint-Germain-des-Prés）

咖啡館是巴黎最具代表性的街道風情

巴黎地圖

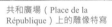

巴黎

法國

17

蒙馬特 18

19

9

迦尼葉歌劇院

8
凱旋門

10

夏佑宮

2 皇家宮殿

16

奧塞美術館

1

3

11

20

7 羅浮宮

龐畢度中心

艾菲爾鐵塔

4

6

巴黎聖母院

15

5

12

聖禮拜堂／
巴黎古監獄

凡爾賽宮

14

13

F.R.AH

認識巴黎交通

　　每年有 4,000 多萬名遊客造訪的巴黎，無疑是全世界最熱門的旅遊目的地之一，也因此，當地觀光產業發展完善，其中自然也包括大眾交通。從機場前往市區選擇五花八門，要前往市區內的火車站或是在市區內移動，以地鐵搭配步行的方式幾乎就能暢行無阻，當然也可以選擇直接串連點與點的觀光巴士；或是視個人經費需求，選擇以腳踏車、計程車等代步。

從機場到市區

巴士

　　無論是戴高樂機場（Charles de Gaulle International Airport，代號 CDG）或是奧利機場（Orly Airport，代號 ORY），都有巴士前往市區。法航機場巴士（Les Cars Air France）的 1 號線從奧利機場經蒙帕納斯火車站（Gare Montparnasse）、巴黎傷兵院（Les Invalides）到凱旋門 / 香榭大道（Paris Étoile/Champs-Élysées）；2 至 4 號從戴高樂機場出發，分別以凱旋門 / 香榭大道、奧利機場和蒙帕納斯火車站為終點。以下為各線相關資訊：

路線	營運時間	發車班次	全程車程	單程 / 來回票價	出發地
1 號線	6:00~23:40	20 分鐘一班	60 分鐘	€ 12.5 / 21	奧利機場
2 號線	5:45~23:00		75 分鐘	€ 17 / 29	
3 號線	5:55~22:30	30 分鐘一班	75 分鐘	€ 21 / 35.5	戴高樂機場
4 號線	6:00~22:00		75 分鐘	€ 17.5 / 30	

　　除法航機場巴士外，巴黎大眾運輸公司（RATP）也分別以華西巴士（Roissybus）和奧利巴士（Orlybus）接駁這兩座機場前往巴黎市區的交通。戴高樂機場又暱稱為華西，該巴士以歌劇院（Opéra）為終點，車程約 60 分鐘，單程車資為 € 11，營運時間為 5:15 至 0:30，約 15 至 20 分鐘一班。奧利巴士以 Denfert-Rochereau 為終點，車程約 30 分鐘，單程車資為 € 7.5，營運時間為 6:00 至 0:30，約 10 至 20 分鐘一班。

出發地	巴士	營運時間	發車班次	車程	票價	終點站
戴高樂機場	華西	5:15~0:30	15~20 分鐘	60 分鐘	€ 11	Opéra
奧利機場	奧利	6:00~0:30	10~20 分鐘	30 分鐘	€ 7.5	Denfert-Rochereau

火車

　　除了從戴高樂機場的第二航廈可搭乘 TGV 前往巴黎市區外，也可以搭乘區域火車 RER，第一或第二航廈可以直接搭乘 RER B 線，其他航廈則必須搭乘接駁車前往火車站，由機場前往市中心的北站（Gare du Nord）或 Châtelet-Les Halles 各約需 25 和 28 分鐘，可由這兩個地方直接轉搭地鐵前往目的地。從奧利機場可以搭乘 RER C 線前往市區，不過必須先從機場坐免費巴士前往 Pont de Rungis 站，RER C 停靠巴黎市區的傷兵院和聖米榭爾·聖母院（St Michel-Notre-Dame）等站，火車車程約 25 分鐘；也可以從機場搭乘 Orlyval 到 RER B 線的 Antony 站，由此到市中心的 Châtelet-Les Halles 火車車程約需 25 分鐘。詳細班次和票價可上巴黎大眾運輸公司或法國國鐵網站查詢。

出發地	接駁	轉乘站	轉乘	車程	終點站
戴高樂	一、二航廈直接搭乘		RER B	25 分鐘	Gare du Nord
				28 分鐘	Châtelet-Les Halles
				25 分鐘	
奧利	Orlyval	Antony		25 分鐘	Les Invalides
	免費巴士	Pont de Rungis	RER C		St Michel-Notre-Dame

戴高樂機場和奧利機場：www.aeroportsdeparis.fr　　巴黎大眾運輸公司：www.ratp.fr
法航機場巴士：www.lescarsairfrance.com　　法國國鐵：www.sncf.com

巴黎機場官網　　　　　　　　　　　巴黎人眾運輸公司官網

法航巴士官網

法國國鐵官網

計程車

　　沒有預算限制或行李較多的人，也可以考慮搭乘計程車前往市區，機場計程車停靠區就設於航廈外，可隨指標前往。從戴高樂機場前往市區約需 30 至 50 分鐘，車資約 € 50 至 70；從奧利機場前往約需 20 至 40 分鐘，車資約 € 40 至 55。另外，大件行李每件需加收 € 1。

市區穿梭

地鐵

　　地鐵（Métro）是遊覽巴黎最方便且便宜的交通工具之一，特別是大部分景點相距不遠，因此只需搭配步行就能一一拜訪。巴黎地鐵以數字分為 14 條線，在地圖上也以不同的顏色呈現，其營運時間大多介於 5:30 至 1:00 之間，各線略有不同，周末通常會延後收班。

　　巴黎的軌道交通由運行於市區內的地鐵和貫穿整個大巴黎地區的 RER 共同營運，票價依距離共可分為 6 區，其中位於 1 至 2 區的地鐵採單一票價制，單程票 € 1.8，另有 1 日券（Mobilis Une Journée），1 至 2 區票價 € 7。至於針對遊客推出的巴黎觀光券（Paris Visit），除地鐵、（涵蓋區域內的）巴士和 RER 外，還能搭乘蒙馬特纜車、（涵蓋區域內的）Transilien 火車和 Orlyval，並享有 13 處包括凱旋門、傷兵院和迪士尼樂園等門票折扣，該票券分為 1、2、3、5 日，以 1 至 3 區來說，成人價格分別為 € 11.15、€ 18.15、€ 24.8 和 € 35.7。

　　除上述紙本票券外，巴黎大眾運輸公司也推出名為 Navigo 的磁卡，打算待超過 1 周以上就可選擇申辦，必須前往人工櫃檯辦理且攜帶照片和證件，1 至 2 區周票費用為 € 21.25。

RER

　　RER 是運行大巴黎地區的區域快車，屬於火車的一種，不同於地鐵僅限於 1 至 2 區內，RER 最遠可達 5 區，因此在搭乘前必須先確認自己所買的車票是否涵蓋該區。在巴黎市區內可以共用一般的地鐵票，也就是 1 至 2 區的車票，由於停靠站少，

因此會比搭乘一般地鐵快,如果是橫跨巴黎市區內較遠的區域可以考慮搭乘,不然一般搭乘的機會不大,遊客最常使用它的機會,是前往近郊的凡爾賽宮或機場,在這種情況下,搭乘時單程購票即可。不同於地鐵採單一票價制,RER 離站時也須刷票,如果金額不符,必須找站務員補足後才可以出閘口。

巴士

　　巴黎的巴士也同樣由巴黎大眾運輸公司營運,車票可與地鐵票共用,90 分鐘內免費轉乘。搭乘巴士可以欣賞沿途風光,不過對不熟悉當地的遊客來說可能較不方便,相關資訊及路線可向當地旅遊局索取。

Check it out

觀光巴士

如果在巴黎的時間有限,不妨利用可自由上下車的觀光巴士。巴黎有兩家公司提供服務,一是規劃 4 條路線的 Paris L'Opentour(www.parislopentour.com),這種黃色巴士共停靠巴黎多達 50 個景點;另一家為紅色車體的雙層巴士 Big Bus Paris(eng.bigbustours.com/paris),在市區內共設有 9 個站,起迄點為投卡德侯公園/夏佑宮(Place du Trocadéro/Palais de Chaillot),一次走完全程約 2 小時 15 分鐘。成人一日票價前者 €32、後者 €29,上網預訂均可享優惠。

Big Bus 官網

Paris L'Opentour 官網

腳踏車

　　類似臺北的微笑單車 YouBike,在全巴黎設有 750 個自動租借站的自由單車 Vélib',提供前 30 分鐘免費騎乘優惠。只需要晶片信用卡就能租車,按照螢幕上指示操作取車即可,如果打算把它當成旅遊巴黎的交通工具,不妨購買 1 日券(€1.7)或周票(€8),價格將更加優惠。

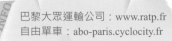

INFO
巴黎大眾運輸公司:www.ratp.fr
自由單車:abo-paris.cyclocity.fr

塞納河沿岸此起彼落的天際線

 ## 巴黎五日行程

🚲DAY❶ 塞納河散步→左岸咖啡館→巴黎聖母院→ 聖禮拜堂→巴黎古監獄

從亞歷山大三世橋展開塞納河畔的散步之旅，經藝術橋抵達河左岸，找一間洋溢人文風情的咖啡館享用午餐。之後前往莎士比亞書店一帶沾染巴黎大學城的活力，踏上西堤島欣賞巴黎聖母院的玫瑰窗，登上塔頂近距離觀察怪獸噴水口。前往巴黎古監獄體驗哥德式監獄的陰暗，伴隨著黃昏時的溫柔天光，被聖禮拜堂色彩斑斕的彩繪玻璃擁抱。

🚲DAY❷ 奧塞美術館→艾菲爾鐵塔→ 夏佑宮和古蹟博物館

穿梭在昔日火車站改建的藝術殿堂奧塞美術館中，展開滿載藝術和工藝之美的一日，以自然光欣賞印象派畫作！位於羅丹美術館（Musée Rodin）雕像庭園裡的咖啡館，是享用午餐的好地方，之後前往戰神廣場一探艾菲爾鐵塔的真面目，接著走過塔底前往對岸的夏佑宮，於前方平臺拍張和鐵塔等高的照片。位於夏佑宮側翼的古蹟博物館不但能飽覽世界建築之美，還有拍攝鐵塔的私房角度。

出自貝聿銘之手的玻璃金字塔，讓羅浮宮有了新舊融合的面貌　迦尼葉歌劇院中金碧輝煌的絕美裝飾

🚲DAY❸　迦尼葉歌劇院→皇家宮殿和花園→羅浮宮

　　讓建築師迦尼葉流芳百世的歌劇院，內部看頭絕對不輸外觀，唯有一探究竟才能體會勒胡為何會寫下驚悚愛情小說《歌劇魅影》。中午在皇家宮殿的花園裡野餐，感受巴黎人忙裡偷閒的美好時光，之後整個下午，就將自己貢獻給人類文明的寶庫──羅浮宮。

🚲DAY❹　凡爾賽宮→凱旋門和香榭大道→法式小酒館

　　一早假扮法國貴族，投入奢華的宮廷生活，看看太陽王大手筆一擲千金的豪氣，參觀完城堡和花園後，不妨跳上小火車直奔翠安儂宮，鑽進瑪麗‧安東尼的私人農莊。午後回到巴黎，走逛最熱鬧的香榭大道並登上凱旋門，欣賞星辰廣場的車水馬龍，入夜後找間小酒館，犒賞自己一天的辛勞。

🚲DAY❺　蒙馬特→廊街或拉法葉和春天百貨→龐畢度中心

　　讓蒙馬特放蕩不羈的藝術家刺激你的感官，一路走訪聖心堂、小丘廣場、達利空間和蒙馬特美術館等景點。下山後，讓優雅的廊街或百貨公司沉澱你的審美觀，順便展開一趟購物之旅，在巴黎的最後一夜，就讓風格現代的龐畢度中心畫下完美句點。

INFO　巴黎旅遊資訊

法國旅遊發展署（Atout France）：www.rendezvousenfrance.com
巴黎旅遊局（Office du Tourisme et des Congrès de Paris）：www.parisinfo.com

倫敦篇

LONDON 1

倫敦的表徵——紅色雙層巴士經常成為櫥窗中的點綴

 # 一次次重新站起來的城市

　　哥德式的大笨鐘（Big Ben）、新古典主義的白金漢宮（Buckingham Palace，P172）、巴洛克式的聖保羅大教堂（St Paul's Cathedral，P182）、以玻璃帷幕打造超現代的「小黃瓜」（30 St Mary Axe）……，儘管錯落各種風格的建築，卻能毫無違和感的全「擠」進倫敦裡，這是因為這座最初由古羅馬人創立於西元 43 年的城鎮「倫敦尼恩」（Londonium），曾經遭逢 1666 年那場幾乎燒毀整座城市的大火，以及二次世界大戰德軍體無完膚的轟炸，因此歷經不斷的重建，形成她獨特的面貌。

　　儘管和巴黎一樣歷史悠久，也因位於泰晤士河畔而成為港口，不過羅馬帝國滅亡後，倫敦一度在西元七世紀左右時廢棄，直到維京人入侵，才迫使國王「懺悔者愛德華」（Edward the Confessor）在十一世紀中將宮廷重新遷回倫敦，並興建全歐洲最大的教堂之一、今日的西敏寺（Westminster Abbey，P162），奠定日後王室在此加冕的傳統，也讓倫敦躍升為英格蘭最大的城市。

躲過宗教改革迫害的西敏寺是倫敦的地標之一

　　十五世紀末進入都鐸王朝時期（Tudor Period），在亨利八世與羅馬教廷決裂後，倫敦不少中世紀教堂都在宗教改革下被拆除，相對的西敏寺卻在此時不斷擴建；伊莉莎白一世（Elizabeth I）長達半個世紀的統治，不但讓英國成為海上霸主，此時國內的文學藝術發展更達巔峰，知名的莎士比亞便是最佳代表。

　　十八世紀，英國境內如火如荼展開工業革命，他們掌握了最先進的工業技術，不但擁有全世界最早開通的地鐵、四通八達的鐵路網絡，甚至還有獨步全球提供煤燈照明的博物館，十九世紀在維多利亞女王（Queen Victoria）的帶領下，英國成為世界強權。而煤的大量使用，讓二十世紀初的倫敦成了「霧都」，燃料釋放的煙霧遇上當地的氣候，成了毒害人體的嚴重汙染，甚至在 1952 年時造成上萬人死亡。直到今日空氣品質已大為改善的倫敦，歷經二次大戰戰火洗禮的艱辛重建歲月後，再度以歐洲經濟中心之姿閃耀國際舞臺。

因《哈利波特》而竄紅的國王十字車站、音樂劇以及玻璃帷幕打造的「小黃瓜」……還能更倫敦嗎？

倫敦地圖

Camden

Bloomsbury

East End

●紅磚巷

Marylebone

●大英博物館

牛津街

City

●波特貝羅市集

Soho

聖保羅大教堂

●小黃瓜

諾丁丘

●柯芬園

●倫敦塔

皮卡迪里圓環

莎士比亞環球劇院

●國家藝廊

●塔橋

泰德現代美術館

皇家海軍學院

白金漢宮

●倫敦眼

Southwark

維多利亞和
亞伯特博物館

西敏寺

Lambeth

Westminster

Kensington

泰晤士河

英國
●倫敦

F.R.AH

認識倫敦交通

　　倫敦和巴黎同樣是歐洲數一數二的熱門旅遊地，打從十六世紀隨著大英帝國的崛起，這座城市的發展長期以來影響著全球的政治、經濟與文化，2012 年時更因為舉辦夏季奧運而再度蛻變城市面貌，連帶使得當地的觀光產業發展達到巔峰。新的路面電車（Overground）將不斷擴大的倫敦地區串連得更為緊密，如今遊客只需一張牡蠣卡（Oyster Card）在手，就能走遍這座既古老又現代的城市。

從機場到市區

希斯洛機場

　　倫敦及其周遭共有 5 座機場，一般國際航班多停靠倫敦以西 25 公里的希斯洛機場（Heathrow International Airport，代號 LHR）。從希斯洛機場可以搭乘地鐵前往倫敦市區，這是最便宜同時也不會塞車的方式，平均每 15 分鐘一班車，抵達皮卡迪里圓環（Piccadilly Circus）約 45 分鐘，前往市區 Zone 1 的單程費用為 ￡6，使用牡蠣卡離峰 ￡3.1、尖峰 ￡5.1。

　　搭乘希斯洛快車（Heathrow Express）前往倫敦西郊的帕丁頓火車站（Paddington）只需要 15 分鐘，每 15 分鐘一班，費用為單程預購 ￡21.5、現場 ￡26.5，來回預購 ￡35、現場 ￡40；希斯洛聯外火車（Heathrow Connect）是相對優惠的火車選擇，每 30 分鐘一班，同樣以帕丁頓火車站為終點，費用為單程預購 ￡10.1。除此之外，還可以搭乘英國快線巴士（National Express Coach）前往倫敦南面的維多利亞火車站（Victoria）或國王十字火車站（King's Cross），平均每小時 2 至 3 班，車程約 40 至 60 分鐘，單程費用為 ￡15。搭乘計程車前往市區是最貴的方式，車程約需 1 小時，前往市區費用約 ￡55 至 60，另需加 ￡2 機場運費。

位於帕丁頓火車站的希斯洛快車月臺

交通工具	班次	目的地	車程	票價	
地鐵	15 分鐘 / 1 班	Piccadilly Circus	45 分鐘	市區 (Zone 1) 單程	￡6
				牡蠣卡	離峰 ￡3.1
					尖峰 ￡5.1

交通工具	班次	目的地	車程	票價		
快車	15 分鐘／1 班	Paddington	15 分鐘	單程	預購 £ 21.5	
					現場 £ 26.5	
				來回	預購 £ 35	
					現場 £ 40	
聯外火車	30 分鐘／1 班			單程	預購 £ 10.1	
快線巴士	1 小時／2~3 班	Victoria	40~60 分鐘	單程	£ 15	
		King's Cross				

蓋特威機場

　　部分歐洲航班也常停靠北邊的蓋特威機場（Gatwick Airport，代號 LGW），該機場可搭乘蓋特威快車（Gatwick Express）前往倫敦的維多利亞火車站，只需要 30 分鐘，每 15 分鐘一班，費用為單程預購 £17.75、現場 £19.9，來回預購 £31.05、現場 £34.9。英國快線巴士也提供往來蓋特威機場和倫敦市區，包括維多利亞火車站等地的接駁，單程費用為 £10、來回 £16。如果事先從機場官網預約計程車服務，前往市區費用每人 £23 起。

倫敦城市機場

　　另外有些外國航空也可能使用位於東邊的倫敦城市機場（London City Airport，代號 LCY），由此可搭乘碼頭輕軌（Docklands Light Railway，簡稱 DLR）前往市區，約每 8 至 15 分鐘一班，不到 7 分鐘車程可抵達連接地鐵銀禧線（Jubilee）的 Canning Town 站、17 分鐘可抵達連接中央線（Central）的 Stratford International 站，單程車資為 £4.8，使用牡蠣卡離峰 £2.8、尖峰 £3.3。有幾班市區巴士前往該機場，474 號巴士可抵達碼頭輕軌 Canning Town 站，免費的 573 號接駁巴士則前往碼頭輕軌 Prince Regent 站。至於計程車前往市區的柯芬園（Covent Garden）和皮卡迪里圓環一帶約 £35 至 40。

INFO

希斯洛機場：www.heathrowairport.com
蓋特威機場：www.gatwickairport.com
倫敦城市機場：www.londoncityairport.com
希斯洛快車：www.heathrowexpress.com
蓋特威快車：www.gatwickexpress.com
倫敦大眾運輸資訊：www.tfl.gov.uk/modes/tube/?cid=fs109
英國快線巴士：www.nationalexpress.com

希斯洛快車官網

希斯洛機場官網　　　　　　　　　　英國快線巴士官網

倫敦大眾運輸資訊官網　　　　　　　倫敦城市機場官網

蓋特威快車官網　　　　　　　　　　蓋特威機場官網

市區穿梭

地鐵

　　在倫敦，地鐵（Underground）是最佳的移動方式，因造型類似管子而被暱稱為「Tube」。倫敦地鐵以顏色和名稱分為 11 條線，近年來更加入路面電車（Overground）和碼頭輕軌（DLR），因此共由 13 條線交織出網絡，營運時間大多介於周一至周六 5:00 至 0:30、周日 7:30 至 23:30 之間，各線略有不同。

　　倫敦地鐵依搭乘距離長短採分區制，以同心圓方式逐步向外擴散，共分為 9 區，一般遊客往來的區域多位於 2 區（Zone 2）內，希斯洛機場則位於 6 區（Zone 6）。票價除了以現金購買的單程票外，另推出牡蠣卡和旅遊卡（Travelcards），其中旅遊卡分 1 日、

周票、月票和年票 4 種，1 日旅遊卡為獨立紙本車票，周票以上的旅遊卡則必須與牡蠣卡合併使用，牡蠣卡另可儲值現金，依每次搭乘扣除金額（Pay as you go），牡蠣卡和 1 日旅遊卡票價上除分區外，另採尖峰（Peak，周一至周五 6:30 至 9:30、16:00 至 19:00）和離峰（Off-Peak）票價。以下為 2 區價格參考：

區域	現金單程	牡蠣卡單程		1 日旅遊卡	
		尖峰	離峰	尖峰	離峰
2 區	￡4.8	￡2.9	￡2.3	￡12	

巴士

　　雙層巴士是倫敦的城市景觀特色，幾乎所有地鐵站出口附近都能找到公車站牌，可轉乘至倫敦各地，旅遊卡和牡蠣卡皆可使用，牡蠣卡每趟搭乘費用為 ￡1.5。過午夜後至凌晨 4:00 則由夜間巴士接手，車號顯示上也會多加個「N」。

Check it out

觀光巴士

倫敦也有可以自由上下車的觀光巴士，Original Sightseeing Tour（www.theoriginaltour.com）和 Big Bus Tours（eng.bigbustours.com/london）兩家均提供 3 條路線，前者停靠超過 80 站、後者超過 50 站，成人一日票價前者 ￡29、後者 ￡32，上網預訂均可享優惠。除巴士行程外，兩者也都可享 City Cruise 提供的泰晤士河遊船以及免費的徒步導覽行程。

計程車

　　倫敦的黑色計程車（Black Cab）知名度不輸雙層巴士，外觀看來不大，內部空間卻相當寬敞，乘客區除後排座位外，對向另有折疊座位，行李也是放在這個地方。起價為 ￡2.4，之後每英里視時段跳表 ￡5.6 至 9，共分為三種價錢，10 分鐘車程約 ￡8；除招呼站外，在路上看到空車也可隨招即停。

INFO

倫敦大眾運輸資訊：
www.tfl.gov.uk/modes/tube/?cid=fs109

跨越於藍天和泰晤士河間的倫敦塔橋

 倫敦五日行程

🚌DAY❶ 西敏寺→國會大廈→泰晤士河→ 泰特現代美術館→莎士比亞環球劇院→ 英式酒吧

　　首日起個大早，成為第一批進入西敏寺參觀的遊客。接著走向泰晤士河畔，從國會大廈旁沿堤道一路往前走，欣賞倫敦眼等南岸風光後，從金禧紀念橋過河，加入這片洋溢藝術氣息的區域，在泰特現代美術館欣賞二十世紀的藝術浪潮和千禧橋的特殊面貌，到莎士比亞環球劇院體驗十七世紀的劇場文化，最後在酒吧中暢飲啤酒並品嘗酒吧料理。

🚌DAY❷ 倫敦塔橋→倫敦塔→大英博物館

　　走上倫敦地標之一的倫敦塔橋，欣賞泰晤士河兩岸古今融合的風光，百年歷史的塔樓和鋼骨結構的摩天大樓形成強烈對比。前往倫敦塔探訪它從要塞、王宮到監獄一路的轉折，當然也不能錯過珠寶館中的「非洲之星」。光是皇家珠寶如果還不能滿足你，大英博物館橫跨數千年歷史、五大洲和三大洋的文物絕對讓你不虛此行。

從牛津街到皮卡迪里圓環一帶都是倫敦最核心的購物區　　聳立於圓頂上方的金色十字圓球標示出聖保羅大教堂的位置

DAY❸　白金漢宮和聖詹姆斯公園→國家藝廊→英式下午茶→皮卡迪里圓環和攝政街

到白金漢宮前拍張照，順便看看女王在不在家，然後一路走到倫敦市中心最美的聖詹姆斯公園，接著彎進英國精緻藝術的殿堂——國家藝廊，補足大英博物館中略有不足的繪畫珍藏。到皮卡迪里圓環附近找處優雅的地方喝杯下午茶，接下來展開攝政街令人血脈賁張的購物行程。

DAY❹　諾丁丘→維多利亞和亞伯特博物館→倫敦眼

趕在人潮湧現前先前往諾丁丘，特別是在周末波特貝羅路市集舉辦時，悠哉的邊逛邊吃邊買，此區漂亮的維多利亞式建築和色彩繽紛的獨棟小屋也是參觀焦點。到維多利亞和亞伯特博物館尋寶，看看貼近日常生活的應用與裝置藝術「工藝品」。黃昏前、入夜後，都是搭乘倫敦眼的好時機，無論是染紅天邊的紅霞或建築點起的燈火，都很迷人。

DAY❺　聖保羅大教堂→格林威治

站在聖保羅大教堂高達 110 公尺的圓頂下，感嘆全世界第二大圓頂建築的宏偉。之後搭乘地鐵轉換 DLR，前往近郊的格林威治，尋找昔日愉悅宮的蛛絲馬跡。參觀舊皇家海軍學院美輪美奐的彩繪廳和禮拜堂，走上王后宮的鬱金香階梯，再到昔日的王宮花園格林威治公園散散步，一探舊皇家天文臺本初子午線的真面目。

倫敦旅遊資訊
英國旅遊局（Visit England）：www.visitengland.org
倫敦官方旅遊指南（Official London Guide）：www.visitlondon.com

PART Ⅱ 城市風情 巴黎慢步

WELCOME TO LONDON

倫敦漫遊

故事由此展開

塞納河 Au Bord de la Seine

La Seine a de la chance	塞納河是幸運的
Elle n'a pas de souci	她無憂無慮
Et quand elle se promène	當她沿著堤岸
Tout au long de ses quais	散步時
Avec sa belle robe verte	身披漂亮的綠色長袍
et ses lumières dorées	和一身金光
Notre-Dame jalouse, immobile et sévère	僵立且素樸的聖母院不禁忌妒
De haut de toutes ses pierres	從岩石的頂端
La regarde de travers	側目而視

——法國詩人 Jacques Prévert‧《塞納河之歌》(Chanson de la Seine)

　　如果把時間往前推，推到上上個千禧年、也就是稱之為西元前的世紀，當時的巴黎還是個小小的聚落，由一支源自高盧的巴黎西人，在塞納河中央的西堤島 (Île de la Cité) 上「開疆闢土」。這就是巴黎的誕生，即使今日都會區面積廣達 17 萬平方公里，花都的一切都是從一座塞納河上的蕞爾小島開始，接著朝右岸延伸、而後擴張至左岸，逐步勾勒出今日的樣貌與規模，然賦予她骨架與養分的，正是塞納河！

Do you know......

隱藏於地底下的老巴黎

一座城市的更新通常是層層疊疊的讓新建築蓋在舊建築之上，也因此，至今在巴黎還是可以看到塵封上千年的痕跡。在巴黎聖母院前方廣場上有一道階梯，通往地下考古遺跡 (Crypte Archéologique du Pavis Notre-Dame)，二十世紀中為興建停車場而出土，大量考古遺物顯示高盧羅馬時期的堤道與公共浴場，以及一直到中世紀時的住家噴泉和地下禮拜堂等建築結構，無疑見證了這座城市源自西堤島的歷史。誰會想到呢？在遊客如織的聖母院下方，居然還隱藏著一個跨越時空的地底世界！

• 巴黎聖母院前廣場地下考古遺跡：crypte.paris.fr

亞歷山大三世橋上的雕像值得慢慢欣賞

　　塞納河是法國的第二大河，從法國中部的勃艮地地區（Bourgogne）往西北方流，自巴黎第 12 和 13 區探進這座城市，以一道弧形切割出左右岸，接著從第 15 和 16 區離開，經諾曼第地區（Normandie）後注入英吉利海峽（English Channel），全長 780 公里，沿途蔓延著多條分支，供應各地豐沛的水源，其中也包含巴黎一半的用水量。

　　既然整座城市都因塞納河孕育而生，河畔自然錯落著無數舉足輕重的建築和古蹟，艾菲爾鐵塔（Tour Eiffel，P050）、大皇宮（Grand Palais）、羅浮宮、巴黎聖母院……，再加上十七世紀後土木技術的發達，開始出現一座座往來兩岸的橋梁，彼此以出眾的外型爭相競豔，彷彿這樣還不夠熱鬧，十八至十九世紀時路易十六（Louis XVI）和拿破崙三世（Napoléon III）批准了上百家舊書攤（Les Bouquinistes de la Seine），一個個綠色的書箱成了塞納河畔的獨特風光，在這樣集人文風景薈萃於一身的背景下，塞納河於 1991 年被聯合國教科文組織（UNESCO）評選為世界遺產。

　　和所有的遊客沒有兩樣，塞納河是我每次前往巴黎的必訪之處，它是我在巴黎最愛的散步地點，曾經陪伴我度過當地生活中許多愉悅或沉思的時刻。當時我就讀的學校正位於河左岸，沒事的午後，我很享受獨自沿塞納河畔走上一段的時光，尤其當我感覺沮喪的時候，我會一路走到聖母院坐坐，感受這座城市對我的療癒。

　　而我，也有一條屬於自己的塞納河散步路線，我喜歡以河右岸的亞歷山大三世橋（Pont Alexandre III）為起點，這座兩端分別聳立著兩尊鍍金雕像的橋梁，裝飾著大量的天使、女神、飛馬等雕刻，如果一一細看，恐怕得消磨掉半個小時的時間。1892 年時，俄國沙皇亞歷山大三世和法國締結同盟，這座橋是他的兒子尼古拉二世（Nicholas II）送給法國的禮物，既然是皇室出手，自然貴氣十足，一道半圓弧狀跨距，氣勢恢弘的橫越

巴黎傷兵院的金色圓頂教堂是拿破崙的長眠處　　　　　協和廣場的方尖碑來自埃及路克索神殿（Luxor Temple）

塞納河兩岸，和一側傷兵院（Les Invalides）中長眠著拿破崙的金色圓頂教堂（Dôme des Invalides），以及另一側大皇宮中與鑄鐵共生的玻璃圓頂，共構金碧輝煌的意象，這些文藝復興和新藝術風格的建築，展現了法國最輝煌的年代，特別是入夜後橋上一盞盞青銅路燈紛紛亮起，伴隨著後方艾菲爾鐵塔的點點燈火，是巴黎最華麗的浪漫。

　　想當然耳，這裡也是拍攝艾菲爾鐵塔和塞納河的好角度，特別是當你沿著堤岸往羅浮宮的方向走時，別忘了回頭瞧瞧，傷兵院、亞歷山大三世橋、塞納河和艾菲爾鐵塔都將盡收眼底。從這裡到藝術橋（Pont des Arts）之間，會經過協和廣場（Place de la Concorde）和杜樂麗花園（Jardin des Tuileries），如果天氣晴朗且時間允許，有時我也會繞進杜樂麗花園逛逛，欣賞花圃間色彩繽紛的花朵，和綠地與樹木組成的迷宮。

　　但記得要在利奧波德‧塞達‧桑戈爾人行橋（Passerelle Léopold-Sédar-Senghor）前重回杜樂麗堤岸（Quai des Tuileries），因為從這裡可以觀賞到以火車站改建而成，延伸好幾百公尺距離的奧賽美術館（Musée d'Orsay，P100）。如此逆流而走，巴黎最優雅的藝術橋就在不遠處，這座以層層金屬圓弧搭起的橋梁，展現著迷人的工藝結構，十九世紀初期的它原本擁有 9 座橋拱，因兩次世界大戰和船隻長期撞損，於是在 1981 至 1984 年間進行改造，落成了今日以 7 座橋拱橫越河面的姿態。

　　藝術橋上有兩個經典畫面，一是癡情男女在橋上掛上的同心鎖，由於數量之多，甚至在 2014 年 6 月造成部分欄杆坍塌，也因此巴黎市政府決心移除這些鎖，並將部分鐵網換成玻璃，發起情侶自拍上傳社群網站放閃的「Love Without Locks」活動，眼看著這些「負擔」逐漸消失，何嘗不是件美事。至於另一個經典畫面更是雋永：河中的西堤島將塞納河分流，新橋（Pont Neuf）跨島而過；當年亨利四世（Henry IV）下令完工時，這

杜樂麗花園中美麗的林蔭道通往羅浮宮　　　緊鄰堤岸旁的奧塞美術館曾是火車站

座橋的確挺新的，但現在卻是巴黎最古老的橋。

　　從藝術橋來到左岸，與它正對著的法蘭西學會（Institut de France）引領你走進法國的學術世界和知識殿堂，旗下掌管將近 1,000 個基金會、博物館和城堡，以及這些單位的獎項提名與獎（助）金，其中最重要的是致力於法語規範和保護藝文的法蘭西學院（Académie Française），院士包括近代知名人類學、社會學兼語言學家李維史托（Claude Lévi-Strauss），以及大文豪雨果（Victor Hugo）、小仲馬（Alexandre Dumas）等人。

　　別被「學會」這頂大帽子給誤導，認為此區既嚴肅又沉悶，事實上因為鄰近索邦大學（Paris Sorbonne），出入者反而多為年輕人，他們穿梭於咖啡館、餐廳和書店間，特別是在聖米榭爾（St Michel）地鐵站一帶，洋溢著大學城的活潑氣息。不過在這一片熱鬧的光景中，莎士比亞書店（Shakespeare and Company）顯得分外氣質出眾，老書店增添了金城武代言的航空廣告中風雅的巴黎氛圍，書店內狹窄的空間裡立著一牆又一牆高達天花板的書架，樓上還設有書桌與休憩處，不過那是為借宿於此的作者提供的創作空

間。如果不是因為早年老
闆畢曲（Sylvia Beach）的
慧眼獨具和大力資助，費
茲傑羅（Fitzgerald）、海
明威（Hemingway）和喬伊
斯（James Joyce）或許就無
法擁有今日的成就，因此
莎士比亞書店不只是書店，
更是人文精神的象徵。

　　在欣賞到挑高西堤島
天際線的聖禮拜堂和巴黎
聖母院後，這一段塞納河
散步之旅，也是時候在聖
路易島（Île St Louis）前畫
下句點了。

莎士比亞書店增添了拉丁區的人文風情

INFO

交通：亞歷山大三世橋、大皇宮和傷兵院於地鐵 8、13 線或 RER C 線 Invalides 站，協和廣場和
　　　杜樂麗花園於地鐵 1、8、12 線 Concorde 站，藝術橋、法蘭西學會和新橋於地鐵 7 線 Pont
　　　Neuf 站，莎士比亞書店於地鐵 4 線 St-Michel 站
大皇宮：www.grandpalais.fr
傷兵院：www.musee-armee.fr
莎士比亞書店：www.shakespeareandcompany.com

Check it out

塞納河遊船

除了以散步的方式遊覽塞納河外，你還可以搭乘各式各樣
的遊船，透過不同的角度欣賞這座城市最菁華的風情。
你會發現兩岸建築猶如捲軸般展開，特別是得以一窺橋
梁整體結構、甚至從橋下經過的特殊體驗，都能增添趣
味，一個鐘頭的航程往往在意猶未盡的情況下結束。至於
最佳的搭乘時機，我個人偏好接近黃昏之時，看著天色
由藍轉紫、燈火慢慢亮起，巴黎即將隱沒於神祕的面紗之
中……。

• Bateaux-Les Vedettes du Pont-Neuf：
　www.vedettesdupontneuf.com
• Bateaux Parisiens：www.bateauxparisiens.com
• Bateaux-Mouches：www.bateaux-mouches.fr

故事由此展開
泰晤士河 Along the Thames

> Nelson's on his column　　　　　　　尼爾森聳立於他的紀念柱上
>
> Ravens are in the Tower　　　　　　渡鴉住在倫敦塔裡
>
> Big Ben never lost his voice　　　　大笨鐘從未倒嗓
>
> Chimes on every hour　　　　　　　每小時準時敲響
>
> And the fog still rolls off the River Thames　霧氣依舊翻騰於泰晤士河
>
> The forecast calls for rain　　　　　氣象預報宣布有雨
>
> London Bridge ain't falling down　　倫敦塔橋並未垮下
>
> And some things never change　　　有些事永遠不會改變
>
> —— 作詞者 Bernie Taupin，《穿越泰晤士河》(Across The River Thames)

　　和巴黎擁有許多共通點，倫敦也有一條河流穿城而過，唯獨它帶來更多的曲折，使得倫敦的河岸風光從制高點看來顯得更加錯落有致，也更具戲劇效果，因此幾乎所有取景於倫敦的電影，都能看到泰晤士河空拍的畫面。

　　泰晤士河是英國的第二大河、英格蘭的第一長河，它從英格蘭西南方的格魯塞斯特郡（Gloucestershire）往東流，途經牛津（Oxford）和溫莎（Windsor）後切入倫敦，而後從依普斯維奇（Ipswich）流入屬於北大西洋的北海（North Sea），全長 338 公里。由於泰晤士河沿途大多是平原區，因此不但流速緩慢且平穩，加上具備了河面寬廣且水位夠深的優勢，使得它非常適合航運。於是倫敦就這麼被古羅馬人相中，以一座海港城市跳脫最初凱爾特人（Celts）創立的小型聚落，在歷史中伺機而動，遭逢 1666 年倫敦多次大火，和二次大戰期間慘遭德軍轟炸的浴火洗禮，每次重建都讓她成為新舊融合、足以代表大英帝國的首都。

　　我個人認為泰晤士河畔最適合散步的一段，就在大笨鐘所在的國會大廈（House of Parliament）和倫敦塔橋（Tower Bridge）之間，特別是南岸，由於此區景點大多聚集河邊，附近地鐵站較不密集，步行成了最佳的選擇。

　　從地鐵西敏（Westminster）站一出來，映入眼簾的正是倫敦知名地標大笨鐘，其前方延伸的西敏橋（Westminster Bridge），不但以哥德式建築風格呼應國會大廈，其橋墩

聳立於西敏寺碼頭附近的國會大廈是適合展開泰晤士河沿岸散步之旅的起點

顏色甚至還借用下議院的綠色皮椅，而上議院採用的紅色座椅，則出現在它一旁的蘭貝斯橋（Lambeth Bridge）上。走上西敏寺橋，從中央往回望，國會大廈大小塔樓高低穿插的美麗身影，成了最佳的攝影風景。

　　西敏橋的橋頭有一道階梯通往下方的堤岸，堤岸旁有座熱鬧的碼頭（Westminster Pier），是泰晤士河渡輪的一站，碼頭對岸聳立著一棟六層樓高，愛德華七世時期的巴洛克式建築，外觀獨特，主建築成半圓弧狀，兩側各延伸著一道翼廊，這裡原本是倫敦議會的開會場所郡會堂（London County Hall），如今底層為水族館（London Aquarium），至於位於這座龐然大物旁、每年同樣吸引上百萬名遊客參觀的，正是當地的千禧年地標——倫敦眼（London Eye，P054）！

　　這座巨大的觀景輪以一座白色斜三角軸心撐起，它的後方、查令十字車站（Charing Cross）前，有一道鋼索橋在泰晤士河上拉起一道道白色的三角形長臂，這座名為「金禧紀念橋」（Golden Jubilee Bridges）的步行橋其實共有兩條，分別位於中央鐵桁架橋的兩側，落成於伊莉莎白二世女王（Queen Elizabeth II）登基50周年的2002年。夾在中間的亨格福特橋（Hungerford Bridge）則是一條貨真價實的鐵道橋，早在十九世紀中便已存在，因為以查令十字車站為終點，因此又稱為查令十字橋（Charing Cross Bridge）。我曾從坎

與西敏寺碼頭隔河對望的是倫敦眼和倫敦水族館

特伯里（Canterbury）搭乘火車返回倫敦，當時就是在這座橋下車，那天倫敦烏雲密布且飄著雨，露天的月臺讓旅客甫踏上這片城市，就能充份感受到她的經典形象。

　　從金禧紀念橋前往南岸，即將邁入的是倫敦藝文大本營之一，接連出現的三棟建築：皇家節慶廳（Royal Festival Hall）、伊莉莎白女王廳（Queen Elizabeth Hall）和海渥德廳（Hayward Hall），並稱為南岸中心（Southbank Centre），是歐洲最大的藝術中心，全年

泰晤士河遊船

泰晤士河的散步路線比塞納河來得長，體力不佳或時間有限的人可以從西敏寺碼頭搭乘渡輪前往倫敦塔碼頭（Tower Pier），或是更遠的格林威治碼頭（Greenwich Pier），全程大約需要 40 和 75 分鐘。不過我個人建議可以一段步行、一段乘船的方式往來於國會大廈和倫敦塔樓之間，如此一來可以欣賞到最全面的泰晤士河風光，甚至還能從停靠於倫敦橋（London Bridge）和倫敦塔橋間的貝爾福斯號軍艦（HMS Belfast）旁經過。
• City Cruises：www.citycruises.com

1&2 千禧橋和聖保羅大教堂創造出絕佳的視覺效果
3 金禧紀念橋的白色鋼索拉出驚人的氣勢
4 倫敦塔橋的塔樓洋溢著哥德式風情

交通：國會大廈、西敏橋、西敏碼頭於地鐵 Circle、District、Julibee 線 Westmibster 站，金禧紀念橋於地鐵 Circle、District、Bakerloo 和 Northern 線 Embankment 站，倫敦眼、倫敦水族館和南岸中心於地鐵 Bakerloo、Northern、Julibee 和 Waterloo & City 線 Waterloo 站，千禧橋於地鐵 Circle 和 District 線 Blackfriars 或 Mansion House 站，倫敦塔橋於地鐵 Circle 和 District 線 Tower Hill 站
倫敦水族館：www.visitsealife.com/london
南岸中心：www.southbankcentre.co.uk
倫敦塔橋：www.towerbridge.org.uk

上演著不計其數的音樂、舞蹈和戲劇表演、展覽、甚至有書籍發表等藝文活動，其中更不乏免費開放的演出與展覽。為了成功扮演藝文交誼廳的角色，南岸中心大敞歡迎之門供所有人入內歇腳，不但設置了可以躺臥的長椅，並提供免費 Wi-Fi，也難怪即使是平日，南岸中心也總是人來人往；聖誕節等重大節慶期間，中心外的河濱步道會舉辦各式主題市集，更是熱鬧不已。

沿著濱海步道往東走，前身為郵局發電廠的歐索塔（OXO Tower），在業主歐索牛肉湯塊製造商 Liebig Extract of Meat Company 的改建下，成了一棟擁有裝飾藝術風格，且塔頂大大標示著 OXO 標誌的建築，即使從河面上搭船經過，遠遠就能得知它的存在，然而如今讓它聲名大噪的當然不是調味湯塊，而是位於頂層且擁有極佳視野的餐廳與酒館，但如果考量到荷包的深度，或許逛逛底層的設計、藝術和手工藝商店即可。

在倫敦一系列迎接千禧年的建築中，千禧橋（Millennium Bridge）的魅力更是驚人，2000 年 6 月以展現現代建築精湛工藝的面貌出現在眾人眼前，成為許多大導演心儀的取景之地，不誇張，就連《哈利波特：混血王子的背叛》中的「食死人」（Death Eaters）也將它視為目標，讓千禧橋難抵攻擊而倒塌。

儘管在電影中被毀了好幾次，千禧橋如今倒是在泰晤士河上屹立不搖，不過落成之初可不是這麼回事，話說它風光開幕的兩天後，就因為出現大幅晃動的情況而封閉，起初為了不影響泰晤士河的風光而絞盡腦汁設計的團隊，歷經一年多的修正，才讓千禧橋又在 2002 年重新開放。這座長 325 公尺的鋼骨結構吊橋，以 Y 字形橋墩撐起 4 公尺寬的鋁製步道平臺，並由 8 根吊纜從兩岸拉起 2,000 噸的重量，讓外觀猶如片片刀刃組成的橋梁，足以供 5,000 人同時行走。

走過千禧橋之後，經過大名鼎鼎的莎士比亞環球劇院（Shakespear's Globe Theatre，P140）、全倫敦最古老的酒吧之一 Anchor Bankside、復刻十六世紀同名英式古帆船金鹿號（Golden Hinde），以及造型猶如一枚巨大玻璃海螺的市政廳（City Hll）後，終於抵達英國知名度最高的倫敦塔橋（Tower Bridge），造型優美的它在兩側設有一道橋門，藍白兩色的鋼架朝中央高 65 公尺的哥德式建高塔拉出弧形扶臂，高塔下方是由兩扇過去以蒸汽機、今日採電動機升降的上掀式橋面，只需一分鐘的時間即可大開 83 度，只不過隨著運輸方式的改變，橋面上總是川流不息湧現車潮與人潮，想要看到塔橋升起的機會恐怕少之又少了。

除了在塔橋上散步，欣賞造型猶如玻璃金字塔的碎片大樓（The Shard），和成千上萬塊石頭堆砌出的倫敦塔（Tower of London，P152）等新舊建築構成的兩岸對比風光外，如果夠大膽，還可以登上高塔上方的人行橋，真切感受一下在泰晤士河上方高空走「鋼索」的滋味！

通往城市的門戶
凱旋門和香榭大道
Arc de Triomphe et Avenue des Champs-Élysées

　　當你在一座城市久待，就會認為自己多的是機會前往當地知名景點。但有趣的是，在我旅居巴黎的兩年時光中，看過無數次的凱旋門，甚至多次陪伴親友前往香榭大道上拍照，然而真正走進戴高樂廣場 (Place Charles de Gaulle)、登上這座原本拿破崙 (Napoléon Bonaparte) 打算用來炫耀戰功的紀念碑，卻是在多年後的獨自旅行中。

　　「人算不如天算」，看到凱旋門總讓我想起這句話。

　　1805 年打敗俄奧聯軍後，拿破崙希望能興建一座象徵自己彪炳戰功的建築，並在經過時接受眾人喝采，凱旋門因此誕生。不過這位在十九世紀初期聲勢如日中天且不可一世的軍事奇才，大概怎麼也沒想到，自己會在 8 年後連連吞下敗仗、一蹶不振，最後還因慘遭「滑鐵盧」（Waterloo）而被流放、軟禁。就好像他曾經不顧世俗眼光，親自替自己加冕為皇帝，還親手為深愛的約瑟芬（Joséphine de Beauharnais）戴上后冠，最後卻因為必須和奧地利結盟而以約瑟芬無法懷孕為由離婚，另娶奧國公主瑪麗‧路易莎（Maria Luise）為妻，當時他的計畫也包括舉辦一場盛大的婚禮，讓新娘從凱旋門下方經過，抵達羅浮宮。

　　但無論是上述哪一項願望，拿破崙都沒能實現，因為當他 1814 年失勢時，凱旋門仍未完工，直到 1836 年才在路易‧菲利浦國王（King Louis-Philippe）任內竣工。說來諷刺，拿破崙生前無法圓的夢，死後倒是由路易‧菲利浦國王成全，他在 1840 年時派遣自己的兒子，將拿破崙的遺體從英屬聖海倫娜島（Saint Helena）迎回，並通過這座高 50 公尺、寬 45 公尺的城門，送往傷兵院的圓頂教堂長眠。

　　為了取得拍攝凱旋門的好角度，許多遊客常常會站在香榭大道的人行道中央搶拍，不過如果你願意一路走到底，其實香榭大道西側盡頭有個很棒的位置，就在通往凱旋門的戴高樂廣場地下通道前方。地道的另一頭出口，位於凱旋門的腳下，在這裡，除了可以欣賞到那些分別象徵著《1972 年出征》（Le Départ de 1792）、《1810 年勝利》（Le Triomphe de 1810）、《1814 年反抗》（La Résistance de 1814）和《1815 年和平》（La Paix de 1815）的巨型浮雕外，還有多場拿破崙重要戰役的雕刻，以及曾出生入死的幾百

裝飾於凱旋門上的《1810年勝利》　無名戰士墓終年燃燒著一把永不熄滅的火炬　凱旋門內通往頂層的迴旋階梯讓人有跨越時空之感

名將軍姓名。凱旋門拱廊下方有一片鮮花環繞的區域，上方燃燒著一把數百年來未曾熄滅的火炬，這座無名戰士墓（Tombe du Soldat Inconnu）中長眠著一次大戰中喪生的無名英雄，每年 11 月 11 日，法德雙方簽訂停戰協議的紀念日當天都會在此舉辦紀念儀式。

　　登頂凱旋門的入口位於拱門旁，如果不想爬將近 300 級的階梯，也可以搭乘電梯，在前往頂部的露天平臺前會先來到一座迷你博物館，裡頭展示著拿破崙及凱旋門相關文物。和大多數人一樣，我沒有在這裡停留太多的時間，吸引人們花錢買票的原因自然是居高臨下的視野。站在平臺上，巴黎成為 360 度的巨型螢幕，一條條筆直的大道由此才看得出它們從腳下放射而出的模樣，濃密的梧桐樹猶如撐起一把把綠油油的傘，移動的車子雖未因過度的高度落差而成為火柴盒，但感覺仍有幾分不真實，猶如你依稀可以從車水馬龍間聽見某些聲響，但偏偏說不上真切感。

　　不過可以確定的是，在凱旋門四周大多以將軍姓名命名的大道中，辨識度最高的還是香榭大道，這條擁有 14 線車道加上兩旁各寬 21 公尺人行道的道路，絕對是其中人潮最洶湧的一條；此外，一座座劃分露天咖啡座或遮頂的帷幕，以及餐廳門口上的紅色遮棚，都將之點綴得色彩繽紛。

從凱旋門的頂層可以欣賞到巴黎起伏的天際線　　　　遊客熱愛的香榭大道面目已日趨轉變

　　如今長約 2 公里的香榭大道約形成於十八世紀左右，從一處草皮和花園林立的散步場所變身為一條時尚大道，華麗的宮殿與貴族府邸出現在兩旁，它更是巴黎最早有人行道的地方。過去，在梧桐樹下悠閒的喝杯露天咖啡，讓香榭大道成為體驗巴黎優雅風情的好地方，但隨著地價與租金的日益高漲，今日能在這條巴黎第一大道留下的，除了老字號餐廳和咖啡館、法國名牌精品店外，備受青睞的國際連鎖品牌的大舉進駐，都讓香榭大道的面貌無可避免的轉變著……。

INFO 凱旋門

交通：地鐵 1、2、6 或 RER A 線 Charles-de-Gaulle- Étoile 站
地址：Place Charles-de-Gaulle, 75008 Paris
電話：+33（0）1 55 37 73 77
時間：4 至 9 月 10:00~23:00、10 至 3 月 10:00~22:30。
　　　公休 1/1、5/1、5/8 上午、7/14 上午、11/11 上午、12/25
門票：全票€ 9.5、優待票€ 6
網址：arc-de-triomphe.monuments-nationaux.fr

隱藏於巴黎地表上的大星星

你知道巴黎有一顆大星星嗎？就踩在凱旋門的腳下。戴高樂廣場舊名「星辰廣場」（Place de l'Étoile），正是因為以它為中心而放射出的 12 條大道，從高處往下看猶如一顆散發多道光芒的巨大星星，也因此讓凱旋門有「星辰凱旋門」（Arc de Triomphe de l'Étoile）的別稱。

Do you know......

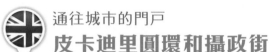

通往城市的門戶
皮卡迪里圓環和攝政街
Piccadilly Circus and Regent St

倫敦也有幾座大大小小的拱門，包括紀念第一代威靈頓公爵，即讓拿破崙慘遭滑鐵盧的英雄 Arthur Wellesley 的威靈頓拱門（Wellington Arch），或是和巴黎凱旋門一樣仿自義大利羅馬的君士坦丁凱旋門（Arco di Costantino），一度預設為白金漢宮大門（Backingham Palace）的大理石拱門（Marble Arch，模仿君士坦丁凱旋門）等，不過要說到倫敦的「入口」，或許還是皮卡迪里圓環最適合。

擁有和凱旋門類似的地位，所在位置也為圓環，儘管沒有氣勢驚人的輻射狀「大道」外散，5 條向外延伸的「街道」，仍讓皮卡迪里圓環穩坐倫敦交通要衝的寶座！

以拉丁文的「circus」取代英文中常用來表現「圓環」的「circle」，皮卡迪里想說的，或許不僅是它在交通上扮演著重要匯合點的角色，更強調身為一處圓形廣場的開放空間，曾經聚集大量零售商，繁華其來有自，如今成為熱門會面點和知名景點也就不令人意外，從早到晚交織的人潮和車潮，讓與它交接的同名大道更因此成為英國人口中「人群聚集地」的代名詞。

站在廣場上，你會發現這座圓環其實不是圓的，沙夫茨伯里紀念碑（Shaftesbury Memorial）後方伴隨著宏偉的標準劇院（Criterion Theatre），勾勒出這片帶點梯形的輪廓；其實皮卡迪里圓環在 1819 年興建時確實是座千真萬確的圓環，直到 1886 年修築沙夫茨伯里大道（Shaftesbury Avenue）後，才改變它的面貌。沙夫茨伯里紀念碑是圓環焦點，單腳踩在紀念碑上方的雕像，是維納斯的兒子、丘比特的弟弟，也是愛神的安特洛斯（Anteros），他認為一份感情如果希望發展就必須獲得回應，於是英國雕刻家 Alfred Gilbert 以這位留著長髮、張著蝴蝶般巨大羽毛翅膀的神祇展翅拉弓的姿態，象徵維多利亞時期著名慈善家沙夫茨伯里伯爵（Earl of Shaftesbury）對窮苦百姓無私的愛。

紀念碑下方的噴泉落成於十九世紀末，不過最初坐落於廣場西南方，直到二次世界大戰後才搬到了今日位置，想當然耳，這般絕佳地點很難不成為等人和休息的角落。我看人、人看我，四周川流不息的景象，以及沙夫茨伯里大道和溫室街（Glasshouse Street）轉角那棟建築閃爍不息的廣告看板，讓人幾乎忘了時間的流逝……。

這些將皮卡迪里圓環的黑夜照亮猶如白天的發光招牌，總不免讓人和紐約時報廣場

皮卡迪里圓環一帶坐落著各色商店和優雅的建築

（Times Square）產生聯想，即使氣勢稍嫌懸殊，但皮卡迪里圓環上的廣告看板可不是從來就如此「節制」，它的四周建築在 1900 年代初期可是呈現眾家看板林立的模樣！然後隨著時代演進，一閃一閃的燈泡變成了霓虹燈管，1998 年出現的數位投影在跨過另一個千禧年後旋即被 LED 燈給取代，曾經占據世人目光的廣告同樣不斷推陳出新，唯獨日本品牌 TDK 在多次捲土重來後幾乎成了這座地標的印象之一。

　　和皮卡迪里圓環密不可分的，還包括以此為中心往北延伸至牛津圓環（Oxford Circus）、向南探至聖詹姆斯區（St James's）的攝政街（Regent St）。著有《雙城記》（A Tale of Two Cities）的英國作家狄更斯（Charles Dickens）長子，同時也是知名的字典編纂家小狄更斯（Charles Dickens, Jr.），曾在 1879 年如此描述：「皮卡迪里，這條從甘草市場街（Haymarket）和攝政街向西通往海德公園轉角的大道，是倫敦所能自豪最接近巴黎大道的地方。」或許是因為皮卡迪里大道筆直的形象符合他的期許，但這裡讓我聯想到凱旋門和香榭大道的卻是攝政街，它們都聚集著大量咖啡館、餐廳等商店，也都擺脫不了國際大城面臨的命運，街道上的商店步步被國際品牌同化。

　　以攝政王子（Prince Regent），也就是日後的喬治四世（George IV）命名的攝政街，是倫敦早期市政規劃的範本之一，出自設計特拉法加廣場（Trafalgar Square）的英國知名

攝政街的中段突然以充滿戲劇性的圓弧造型延伸

建築師納許（John Nash）之手，不過落成於 1825 年的它如今只保留街廓布局，兩旁的建築除了諸聖教堂（All Souls Church）外都已不復存在。即使如此，這條一路垂直延伸的街道還是散發著古典的優雅風情，特別是在皮卡迪里大道和維果街（Vigo Street）間突然出現的巨大轉彎，營造出一種磅礡的氣勢，彷彿一個驚嘆號，預告著即將湧現、難以想像的車水馬龍景象！

交通：地鐵 Bakerloo 和 Piccadilly 線 Piccadilly Circus 站
攝政街：www.regentstreetonline.com

皮卡迪里的由來

「皮卡迪里」指的是一種名為 Piccadills 的衣領，原指西班牙文的 picadillo，有「刺穿」的意思，這種大片的蕾絲衣領在十六世紀末非常流行，據說該圓環出現以前，這裡原本聳立著一棟名為皮卡迪里廳（Piccadilly Hall）的房子，擁有者正是一位以販售這種衣領聞名的裁縫師。

超越天際線
艾菲爾鐵塔 Tour Eiffel

　　穿梭於巴黎這座城市西面的廣場與巷弄，往往不經意的一個抬頭，就能瞥見艾菲爾鐵塔角錐狀的尖塔，探出於一片房舍的屋頂之上。她 324 公尺的身高，別說在巴黎了，紐約克萊斯勒大樓（Chrysler Building）落成以前，全世界均無建築能出其右，即使在扮演了世界最高建築的角色超過 40 年後被迫卸下頭銜，艾菲爾鐵塔依然沒有失去光環，仍舊是全球最受青睞的熱門景點。

　　今日，當人們提到這座聳立於戰神廣場（Champ de Mars）上的鐵塔時，總是對工程師艾菲爾精巧的設計推崇不已，讚許他如何利用 250 萬顆鉚釘，將 7,300 公噸的熟鐵和多達 1 萬公噸的其他物質，打造出一座鏤空高塔，甚至以精密的數學計算，催生了足以對抗風阻和風力的曲線和結構，讓四座塔腳即使面對強風來襲，也能以 6 至 7 公分的晃動差距化解。

　　不過比較罕為人知的，是這座被當成 1889 年巴黎世界博覽會入口的建築，起初並不受巴黎人的青睞，同時期的建築大師迦尼葉（Charles Garnier）、作家莫泊桑（Guy de Maupassant）、學院派畫家布格羅（William Bouguereau）等藝文界重量級人士群起攻擊，他們不但一同上書給博覽會委員會暨工程部長，還在報紙上公開批評，說明這座巨大的鐵製怪獸，如何破壞了花都長期以來的美麗與優雅。

　　但艾菲爾鐵塔還是挺過去了，猶如她迎戰強風卻依舊穩如泰山的屹立至今，並贏得了「鋼鐵女士」（Dame de Fer）的暱稱，艾菲爾以世人對鐵塔不曾減退的參觀熱潮證明自己的慧眼獨具與雄才大略，遊客無不爭相鑽到塔的「蓬蓬裙」下，探頭窺看她分為三層、

艾菲爾鐵塔
交通：地鐵 6 線 Bir-Hakeim 站，或地鐵 6、9 線 Trocadéro 站，
　　　或 RER C 線 Champs de Mars-Tour Eiffel 站
地址：Champ de Mars, 5 Avenue Anatole France, 75007 Paris
電話：+33（0）8 92 70 12 39
時間：6 月中至 9 月初 9:00~00:45，其他時間 9:30~23:45。全年無休
門票：全票€ 9~15.5，優待票€ 3.5~13.5
網址：www.toureiffel.paris

猶如身著蓬蓬裙的艾菲爾鐵塔，因而有「鋼鐵女士」的暱稱

不斷向上縮減的空間，要不就是以攀爬階梯或搭乘電梯的方式登上分別距離地面約 58 和 116 公尺的一、二層，至於要攻上 276 公尺頂層的人，就只能搭乘電梯了。

　　但要有心理準備的是，旺季時排上兩個鐘頭的隊伍稀鬆平常，登上觀景臺後想要在「萬頭攢動」間找個可以好好欣賞的角落，也需要耐性與時間。

Check it out

快「閃」艾菲爾鐵塔
1. 戰神廣場中央
2. 夏佑宮（Palais de Chaillot）前方平臺
3. 凱旋門頂層平臺
4. 巴黎聖母院塔樓
5. 布萊利堤道美術館（Musée du Quai Branly）
6. 亞歷山大三世橋一帶堤道

超越天際線
倫敦眼 London Eye

> 　　每個遊樂園中都會出現的旋轉木馬和摩天輪，可說是童年歡樂的象徵，不知是否因為艾菲爾鐵塔下方設置了旋轉木馬，因此在迎接新千禧年來臨之際，倫敦決定以一座巨大的摩天輪分享慶祝、喜悅之情？但無論如何，這個「千禧之輪」（Millennium Wheel）已經成為倫敦最新地標，至於它是否能像艾菲爾鐵塔般歷久彌新，還得看看時間對它的考驗。

　　因為高度不到艾菲爾鐵塔的一半，使得倫敦眼相對的經常隱沒於城市的建築之中，不過這座直徑達 120 公尺的大轉輪，1999 年落成之時也曾是世界最大的觀景輪，即使在中國南昌之星和新加坡觀景輪（Singapore Flyer）出現後被拔除頂冠，它仍是歐洲摩天輪佼佼者，碎片大樓於 2014 年落成以前，倫敦眼更是這個城市少有可供一般人踞高望遠的地方！

　　彷如紡錘般的軸心，伸出數十支遠望看來細長的手臂，撐起 32 座每個重達 10 噸的橢圓形膠囊艙，以每秒鐘 26 公分的旋轉速度，同時帶領 800 人從泰晤士河南岸逐漸上升到 135 公尺的高度。這趟特殊的 30 分鐘旅程，構想來自杜莎集團（the Tussauds Group），由馬克斯・巴菲爾德建築事務所（Marks Barfield Architects）和 7 位建築師聯手打造而成，原本只打算開放 5 年的時間，但因大受歡迎而被所在地蘭貝斯市議會（Lambeth Council）保存下來。

　　倫敦眼這些年來多次易主，設備也幾經升級與更新，2007 年的普利茲建築獎得主，同時也是倫敦西堤區（the City）洛伊德大樓（Lloyd's Building）的設計師羅傑斯爵士（Sir

倫敦眼
交通：地鐵 Bakerloo、Northern、Julibee 和 Waterloo & City 線 Waterloo 站
地址：Riverside Bldg, County Hall, Westminster Bridge Road, London SE1 7PB
電話：+44（0）871 781 3000
時間：基本上為 10:00~20:30，夏季和特殊日子延長開放至 21:30 或更晚，詳細時間可上官網查詢。公休聖誕節
門票：全票 £21.5，優待票 £15.5~18.5，上網預購可享優惠
網址：www.londoneye.com

1 倫敦眼和國會大廈分別象徵著倫敦既現代且古典的面貌　2 從金禧紀念橋上可以同時取景該橋與倫敦眼獨特的造型

倫敦眼的橢圓形膠囊艙帶你展開一段踞高賞景的旅程

Richard Rogers），曾將倫敦眼對倫敦的重要性，比擬為艾菲爾鐵塔之於巴黎。雖然其中一位地主曾打算調漲租金約 40 倍而讓它差點破產，幸虧在蘭貝斯市議會的大力抨擊下，才讓這個「大圓規」依舊在倫敦水族館和南岸中心間，不分晝夜的畫著一圈又一圈的圓。

　　只不過讓我有些遺憾的是，它下方密密麻麻、蜿蜒排隊的人群總令我打退堂鼓，我始終沒有足夠的時間或決心，讓它帶著我欣賞火紅夕陽在國會大廈對岸遠遠落下的黃昏景觀。

搶拍倫敦眼
1. 西敏寺碼頭一帶
2. 泰晤士河渡輪上
3. 金禧紀念橋上
4. 銀禧花園（Jubilee Gardens）

突破世俗藩籬
蒙馬特 Montmartre

　　1876 至 1919 年間，今日穩坐蒙馬特山丘的聖心堂（Basilique du Sacré-Cœur）展開了龐大的興建工程，也差不多是此時期，這片「城外之地」歷經雖墮落卻輝煌的時期。當時，咖啡館、舞廳和夜總會（cabaret）成為蒙馬特的象徵，給人放浪形骸印象的這些聲色場所，吸引的是無數藝術家和作家，成為他們創作靈感最好來源，大名鼎鼎的黑貓（Chat Noir）夜總會就是盛極一時的藝文聚會場所代表！

　　如果沒有這樣的蒙馬特，不知道會不會少了幾位歐洲近代知名的藝術家？至少，被稱為「蒙馬特之魂」的土魯斯‧羅特列克（Henri de Toulouse-Lautrec）肯定大受影響，這位在感情上受挫的貴族畫家，從當地的夜生活中尋得溫暖，於是那些舞者甚至妓女等中下階層人物最真實的面貌，全都藉由他的畫筆、不帶批判的揭露於世人眼前。

　　因為低廉租金和相同氛圍，許多畫家在尚未成名之前，都選擇這座小山丘為他們在巴黎的落腳處。雷諾瓦（Pierre-Auguste Renoir）和烏特里歐（Maurice Utrillo）先後住在今日的蒙馬特博物館（Musée de Montmartre），在此畫出《煎餅磨坊的舞會》（Bal du moulin de la Galette）和一系列街景；畢卡索（Pablo Picasso）一度借居骯髒、黑暗的「洗濯船」（Le Bateau-Lavoir），期間創作出《亞維儂姑娘》（Les Demoiselles d'Avignon），這個每逢暴風雨時便因搖晃而嘎吱作響、甚至稱不上建築的地方，更成為藝術家馬蒂斯（Henri Matisse）和莫迪里亞尼（Amedeo Modigliani）、作家阿波里奈（Guillaume Apollinaire）和葛楚‧史坦（Gertrude Stein）等人，甚至演員和藝術商出沒的非官方聚所。

　　當時的蒙馬特既紛亂又美好，雖喧鬧嘈雜但奔放自由，人們總喜歡以「放蕩不羈」來形容它，不過 1914 年第一次世界大戰爆發後，藝術家將地盤漸漸遷往左岸蒙帕納斯區（Montparnasse），蒙馬特逐漸喪失了它執掌巴黎藝文圈牛耳的地位。於蒙馬特度過年輕歲月的法國流行歌手 Charles Aznavour，在 1965 年發行的歌曲《放蕩不羈的人們》（La Bohème，藝術家和作家的代稱，另翻為「波西米亞人」）中不勝唏噓的唱著：「有時當我前往舊居晃晃，我再也認不出來，沒有牆壁或街道能喚醒我年少時的記憶。我從一道階梯的頂端向下尋找，再也沒有任何一間工作室，蒙馬特在新的裝飾下顯得悲傷……。」

由階梯構成的華洋提耶路是蒙馬特的特色之一　　襯著湛藍的天空，白色的聖心堂顯得更加耀眼，聳立於中央大門上方的耶穌看顧著芸芸眾生

　　的確，這幾年蒙馬特逐漸沉澱為一座安靜的北郊「小鎮」，然而正因為避開了鋒尖浪頭，反倒讓當時的模樣被封存下來。我說的封存，並不是沒有改變，而是指它已被烙印的藝術氣息，即使我深信在 Charles Aznavour 和當地人的眼中，蒙馬特已無可避免的觀光化，但這片小小土地依舊努力維護或營造出昔日的風情。

　　前往蒙馬特的地鐵站很多，我習慣從 Anvers 站下，沿著紀念品店林立的史坦葛荷格路（Rue de Steinkerque）往上走，來到那一大片可以仰望聖心堂的綠地。大多數的時間我喜歡從蜿蜒於綠地間的斜坡緩緩往上爬，欣賞越來越高的視野；遇上雨天時我則會擠在遊客間和他們一同搭乘纜車上山。纜車道旁有一條華洋提耶路（Rue Foyatier），或者更確切的說是一道延伸超過 100 公尺的階梯，它是蒙馬特經典的風景之一，然而面對那些不斷延伸的梯級，我必須承認，我從沒有勇氣攀爬。

　　資金完全來自私人捐獻的聖心堂，是為了紀念 1870 年的普法戰爭而建，當時巴黎市民慘遭普軍圍城 4 個月，在缺糧的情況下最終卻能脫離險境，因此特別興建一座對巴黎來說相當罕見的羅馬拜占庭式教堂，感念耶穌的恩澤，於是在教堂正門入口正中央的頂層壁龕中，上帝之子舉起右手為眾人祝聖，內部中殿的圓頂更以一幅金碧輝煌的馬賽克鑲嵌，描繪耶穌展開雙手向世人展露祂閃閃發亮的心。

聖心堂圓頂下方裝飾著金碧輝煌的馬賽克鑲嵌畫

小丘廣場上的街頭藝術家

　　順著聖心堂前方的亞札伊路（Rue Azais）走，便能抵達蒙馬特最熱鬧的小丘廣場（Place du Terte），廣場中央聳立著畫家市集，不僅販售自己的畫作，還有許多街頭畫家提供多種風格的人像素描和寫生，廣場邊除了歷史悠久的蒙馬特聖皮耶教堂（Saint Pierre de Montmartre）外，也擠滿了咖啡館和餐廳，其露天座位總是座無虛席。

　　從廣場西南角的耶穌受難像廣場（Place du Calvaire），可以前往達利空間（Espace Dalí），西班牙超現實藝術大師達利（Salvador Dalí）在 1926 年時因為煽動學生鬧事而被馬德里費南多皇家美術學院（Real Academia de Bellas Artes de San Fernando）開除，同年他來到巴黎並結識了畢卡索。這間小型美術館大約有 300 件的達利作品和他個人收藏，包括知名的《太

達利空間除了這位藝術家的作品外還包括他的私人收藏

蒙馬特博物館有一座綠意盎然的庭園

空象》（Space Elephant）、《愛麗斯夢遊仙境》（Alice in Wonderland）等雕刻，以及紅唇沙發（Le Canapé Lèvres de Mae-West）和龍蝦電話等家具，還有一系列畫作。

　　離開達利空間後往北走，在柳樹路（Rue des Saules）右轉，曾經是雷諾瓦和烏特里歐舊居的蒙馬特博物館就位於左手邊，這間歷史超過百年的建築難掩斑駁，曾經是蒙馬特最古老的旅館之一，擁有依雷諾瓦的畫翻修的美麗庭園，館內以畫作、照片、海報和手稿，重現此區十九至二十世紀的風貌。博物館後方還有一座葡萄園（Clos Montmartre），在它占地 1,556 平方公尺的土地上，至今每年依舊生產大約 1,000 公斤的葡萄酒，每逢葡萄成熟時，蒙馬特旅遊局還會在小丘廣場上舉辦「葡萄採收節」（Fête des Vendanges）活動。

　　與葡萄園對望的狡兔之家（Au Lapin Agile）倒是蒙馬特少數還堅持傳統的夜總會，畢卡索、烏特里歐、莫迪里亞尼、阿波里奈、魏瀾（Paul Verlaine）等人都曾來過此處，如今這棟漆著粉紅色牆壁、以綠色百葉窗裝飾、屋簷爬滿常春藤的小屋，入夜後依舊流瀉著音樂聲，多少能讓人感受到蒙馬特那段洋溢波西米亞氛圍的時光……。

狡兔之家依舊延續著蒙馬特昔日的波西米亞風情　　　　　　　　蒙馬特葡萄園是巴黎近郊碩果僅存
　　　　　　　　　　　　　　　　　　　　　　　　　　　　　　的葡萄園

交通：聖心堂於地鐵 2 線 Anvers 站，達利空間於地鐵 12 線 Abbesses 站，蒙馬特博物館和狡兔
　　　之家於地鐵 12 線 Lamarck-Caulaincourt 站
聖心堂：www.sacre-coeur-montmartre.com
達利空間：daliparis.com
蒙馬特博物館：www.museedemontmartre.fr
狡兔之家：www.au-lapin-agile.co

全巴黎最深的地鐵站

在蒙馬特的山腳下，有一個名為「女修院院長」（Abbesses）的地鐵站，其深度深及地下 36 公尺，除非對自己的腳力有信心，否則最好捨棄可愛的迴旋樓梯，改搭電梯往來月臺和出口。該地鐵站引人注目的地方，還包括它出自法國最具代表性新藝術建築大師吉瑪（Hector Guimard）所設計的入口，鑄鐵以優雅的線條勾勒出美麗的花草和裝飾圖案，讓行經者彷彿踏進二十世紀初的時空。

突破世俗藩籬
諾丁丘 Notting Hill

色彩繽紛的獨棟小屋和枝枒濃密的路樹，為倫敦西北隅諾丁丘勾勒出市郊的悠閒氣氛。和蒙馬特一樣，諾丁丘也給人一種「都會綠洲」的愜意，彷彿瞬間推開任意門，就能讓人從巴黎或倫敦跌進一個風光明媚的小鎮！但或許是民族天性使然，也可能是因為打從發展之初就是以住宅區為主，即使諾丁丘同為藝文人士熱愛的小區，這裡散發的卻是一種更接近雅痞的生活風情。

1999 年時，休・葛蘭（Hugh Grant）和茱莉亞・羅勃茲（Julia Roberts）主演的電影《新娘百分百》（Notting Hill），不但將諾丁丘迷人的面貌搬上大螢幕，更直接以它為名，剎那間，這個 1980 年代才剛開始發展成倫敦新興時尚區域的小社區聲名大噪，成為遊客前往倫敦必訪景點之一。即使十多年過去，諾丁丘依舊魅力不減，炙手可熱的程度令人咋舌，特別是周六波特貝羅路市集（Portobello Road Market）登場時，只能以人山人海來形容。

不過如果把時光往前推個 200 多年，當時的諾丁丘還只是生產瓷磚和磚塊的地方，至今在荷蘭公園（Holland Park）地鐵站附近，還能發現一條記載著這段過往、名為陶器街（Pottery Lane）的路。十九世紀時的地主雷布洛克（Ladbroke）開始建設此區，會同建築師 Thomas Allason 規劃街道與房舍，這是諾丁丘首度成為首都附近時髦的市郊住宅區，也因此當地留下許多與雷布洛克相關的地名，包括今日主要道路雷布洛克樹叢路（Ladbroke Grove）等。

「新月街」（cresent）是諾丁丘另一個不斷重複的地名，其中有好幾條和雷布洛克樹叢路相交，如果對照地圖，你會發現此區的道路以一種同心圓的方式向外擴散，那是因為 1837 年時這座小山丘的周圍曾經出現一座賽馬場，而後賽馬場關閉，再度興起的社區計畫便利用跑馬道開出一條條新月形道路，形成此番特殊的景象。

不過要說諾丁丘最知名的街道，當屬波特貝羅路（Portobello Road），這條道路之所以引人注目，和它介於戈本恩路（Golborne Road）及衛斯特巴恩樹叢路（Westbourne Grove）間、綿延超過 900 公尺的市集有關。波特貝羅路市集最初只是十九世紀時的一座生鮮市場，1940 至 1950 年代出現的骨董商為它增添豐富的面貌。蓬勃發展至今，這座市集已經成為全倫敦最大的骨董市場，讓人驚訝，光是一個攤位就能塞進上百件的舊貨和

波特貝羅路上的蔬果市場是品嘗美味食物的好去處

塗鴉讓色彩繽紛的諾丁丘更顯人文精神

古物，而這麼一攤攤的算下去，一條街上堆疊的是幾百年的光陰？菸斗、相機、餐具、橄欖球、皮件、織品、首飾……說的又是幾百個家族的故事？

　　然而骨董市集還只是波特貝羅路上的一小段風景，事實上這裡總共坐落著三個市集，位於最南端的骨董市集在艾爾金新月街（Elgin Cresent）畫下句點，緊接著登場的是《新娘百分百》中歷經季節轉換的蔬果市集，過了西大道（Westway）後則是二手衣的天下，值得一提的是，就在西大道和波特貝羅路的交接口，有一座波特貝羅綠色拱廊（Portobello Green Arcade），是尋訪設計師獨賣商品的好去處。

　　蜂擁而至的遊客帶動了諾丁丘的發展，舉例來說，諾丁丘門（Notting Hill Gate）地鐵站出來後必經的潘柏利奇路（Pembridge Road）因此聚集大量特色商店，當然也帶來了盛名之累，像是連鎖品牌對此區的逐步「蠶食鯨吞」，市集昔日「壁壘分明」的特色將無可避免的面對觀光化的挑戰。不過即使如此，只要掌握祕訣，你還是能夠感受到那個屬於倫敦的諾丁丘，唯獨必須比一般遊客起得更早，走進兩側店家更深入的通道。我曾經在一個周末早晨體驗到波特貝羅路市集的閒適，卻在近中午要離開時，夾雜在如浪潮般的人群中寸步難行！

各式各樣的服飾、雜貨和骨董讓波特貝羅路市集每到周末便人滿為患

INFO

波特貝羅路市集

交通：地鐵 Central、District 和 Circle 線 Notting Hill Gate 站
地址：Portobello Road, London Greater London W10 5TA
電話：+44（0）20 7727 7684
時間：骨董市集周六 9:00~19:00，攤販外的店家平日也營業
網址：www.portobelloroad.co.uk

Do you know......

消失的旅遊書專賣店

看過《新娘百分百》的人，一定對休・格蘭電影中擁有的旅遊書專賣店（The Travel Bookshop）印象深刻，該書店位於 Blenheim Crescent 13 號，不過如今已易主，在更名為諾丁丘書店（The Notting Hill Bookshop）後重新對外營業。

近郊小旅行
凡爾賽宮　Château de Versailles

站在凡爾賽宮今日入口「榮耀柵欄」（Grille d'Honneur）前，你或許會驚訝於這座廣場的遼闊！「太陽王」（le Roi-Soleil）路易十四（Louis XIV）高踞於馬背上，彷彿驕傲的向世人展示著他身後這座全法國最壯觀的城堡、舊制度（Ancien Régime）時期君主集權巔峰的象徵。的確，這位在位長達 72 年的歐洲霸主理應為此自負，若不是他，今日的凡爾賽說不定還只是一座狩獵行宮。

雖被推崇為「有史以來最偉大的君王」之一，路易十四仍以好大喜功、驕傲自大而廣為人所批評，這樣的性格或許在年輕時早已種下芽苗。

今日，當許多人在讚頌這座城堡之富麗堂皇且優雅絕美之際，還有多少人記得路易十四之所以興建凡爾賽宮，其實是深受財政大臣富凱（Nicolas Fouquet）的沃子爵城堡（Château de Vaux-le-Vicomte）的刺激？據說，當他參觀完那座華美的府邸後，發現自己所有巴黎行宮均相形失色，一怒之下以貪汙之名收押這位昔日寵臣，不但沒收了他的財產，更延攬參與興建沃子爵城堡的建築師勒沃（Louis Le Vau）、庭園景觀設計師勒諾特（André Le Nôtre）和畫家勒布倫（Charles Le Brun），將凡爾賽從一個只有 26 間房的小行宮，逐步改建成日後占地約 6.7 平方公里，錯落著數棟大小宮殿、遍布著噴泉園林、甚至隱身一座小型農莊的龐大規模。

路易十四不但成功抹去富凱的名聲，也讓凡爾賽宮取代沃子爵城堡的地位，這座宮殿吸引著來訪者的目光，也讓其他歐洲王室紛起效尤，無論是聖彼得堡的彼得大帝夏宮（Summer Palace of Peter the Great）、或是維也納的熊布朗宮（Schloss Schönbrunn），都能窺見其身影。然而成就凡爾賽宮的，不只是路易十四的「妒意」，由於十六至十七世紀巴黎市民暴動事件層出不窮，使得太陽王最終決定將宮廷遷往凡爾賽，為了容納隨王室遷徙而來的朝臣、軍隊與隨從，大刀闊斧的興建王宮，成了不可避免的趨勢。

所幸路易十四夠長壽，計畫也後繼有人，這座城堡似乎從決意擴建的那一天起，就沒有停止過修築，即使西元 1789 年大革命後，路易十六被迫遷回巴黎市中心，當時凡爾賽宮的庭園仍未全數完工。而它超過百年的漫長建築工程誕生的龐大規模，讓凡爾賽宮不只是座王宮，甚至可稱之為「城鎮」，輝煌時期入住其中的人口竟高達 36,000 人！

凡爾賽宮的城堡與庭園相輔相成　　　　　　　上下兩層分別供王室成員和官員使用的禮拜堂

　　在榮耀柵欄後，另有一道金光閃閃的柵欄將城堡（Le Château）和廣場隔絕開來，城堡中央聳立著一座ㄇ字形的主建築結構，連同它環繞著的大理石中庭（Cour de Marbre）和前方的區域，描繪出最初締造者路易十三（Louis XIII）狩獵行宮的輪廓。當時，銜命改建的勒諾特並未破壞原始建築，而是以添加南北兩道側翼、延伸西側宮殿的方式，將它成倍放大。

　　城堡內部由無數座套間（appartements）組成，其中最引人注目的是國王正殿（Grand Appartement du Roi），和以鏡廳（Galerie des Glaces）連接，隔著大理石中庭對望，格局與其對稱的王后正殿（Grand Appartement de la Reine）。禮拜堂（Chapelle Royale）是參觀城堡的起點，這座上層供王室成員、下層供官員使用的禮拜堂，是王室進行宗教儀式與慶典活動的重要場所，在它出現之前，國王正殿的第一座大廳海格力士廳（Salon d'Hercule），則扮演著禮拜堂的角色，天棚壁畫以「眾神拱王」之姿突顯位於中央、戰功彪炳，比擬路易十四的海格力士。

　　豐饒廳（Salon de l'Abondance）以深淺綠色交織出花草圖案的牆壁上，高掛著王室成員的肖像；過去王室享用點心的維納斯廳（Salon de Vénus），因巴比松（Barbizon）畫派大師盧梭（Jean-Jacques Rousseau）的遠景畫延伸了空間；裝飾著大量金色浮雕和水晶吊燈的戰神廳（Salon de Mars），是王宮內舉辦舞會的地點；過去用來展示國王大床的墨丘里廳（Salon de Mercure），收藏著一只路易十四的原件報時鐘……不過真要說到金碧輝煌，這一切都比不上鏡廳令人印象深刻：400多面鏡子拼出長約70公尺的廊牆，十數盞或垂吊或由金色雕像高舉的水晶燈，白天投射入內的光線、入夜點燃的上百根燭火，映照著光可鑑人的木頭地板和那些衣香鬢影的人們身上閃閃發亮的首飾，過去多少

凡爾賽宮的城堡內部，無論是國王或王后正殿都讓人目不轉

人夢寐以求而不得見，幸運的是我們再也不需要一封王室邀請函，便能登堂入室。

　　欣賞過眼前這番人類的藝術結晶，你或許很難想像凡爾賽宮曾在法國大革命時被掠奪一空，暴民洗劫財物不說，就連門窗也不放過，而它今日的面貌多虧路易‧菲利浦國王的復原，才得以博物館的方式對外開放。想不到凡爾賽宮有著如此驚天動地變化的還有路易十三，當初在法國元帥 Albert de Gondi 的邀請下到此打獵的他，因迷上附近的森林景色而興建行宮，如今從花園（Le Jardin）多少還能體驗這番閒情逸致。

　　花園從城堡後方延展開來，一塊塊造型林地簇擁著中央的噴泉和水池，以四座象徵法國主要河流的擬人雕像為裝飾的水壇（Parterre d'Eau），和太陽神駕馭著馬車從池中奔騰而起的阿波羅池（Bassin d'Apollon）拉出中軸線，無論是以貝殼和沙石營造出假山噴泉的舞廳（Bosquet de la Salle de Bal），或是環繞著成對大理石圓柱的柱廊（Colonnade），都營造出不同的風情。

　　阿波羅池前方面對大運河（Grand Canal）的草皮，曾經是我在巴黎最愛的野餐地點之一，我會和友人帶著剛做好的壽司和三明治，拎著水果和葡萄酒，挑選個合適的角落鋪上布巾，然後在眾人羨慕的眼神下享受我的周末午後。不過，顯然這不僅是我的最愛，我曾經遇過一組強勁的對手，更確切的說是一對法國情侶，他們不但擁有漂亮的野餐巾，還從冰桶中拿出新鮮的乳酪與火腿，現場做起三明治，而用來啜飲冰涼葡萄酒的，當然是閃閃發亮的水晶玻璃杯。

1 2
3 4

1 環繞著白色大理石柱的柱廊
3 阿波羅池的後方延伸著大運河

2 位於花園深處的愛之神殿猶如祕境
4 取材神話、造型各異的噴泉裝飾著花園的每個角落

INFO

凡爾賽宮

交通：RER C 線 Versaille-Rive Gauche 站；或自巴黎蒙帕納斯火車站搭乘火車在 Versailles-Chantiers 站下，或聖拉札火車站（Gare St-Lazare）搭乘火車在 Versailles-Rive-Droite 站下

地址：Château de Versailles, Place d'Armes, 78000 Versailles

電話：+33（0）1 30 83 78 00

時間：城堡 4 至 10 月周二至周日 9:00~18:30，11 至 3 月周二至周日 9:00~17:30；
庭園 4 至 10 月每日 8:00~20:30，11 至 3 月每日 8:00~18:00

門票：城堡全票€ 15，優待票€ 13；庭園平時免費，4 至 10 月音樂噴泉之日須收費，全票€ 8.5，
優待票€ 6.5

網址：en.chateauversailles.fr

越深入花園，越有種隱世獨立的自然詩意

Do you know......

瑪麗・安東尼的私人農莊

從奧地利遠嫁而來的瑪麗・安東尼（Marie-Antoinette），在法國宮廷緊迫盯人的生活下備感拘束，因此路易十六將小翠安儂宮（Le Petit Trianon）送給王后當成私人住所，於是想體驗尋常百姓生活的她在花園中打造了一座農莊，裡頭住著貨真價實的漁夫、牧人、酪農和磨坊工人……成為城堡中別具鄉村情調的可愛角落。

Check it out

《凡爾賽拜金女》

前往凡爾賽宮以前，不妨看看蘇菲亞・科波拉（Sofia Coppola）於2006年拍攝的電影《凡爾賽拜金女》（Marie Antoinette），該片大量取景於凡爾賽宮，重現舊制度崩解前最奢華的路易十六時代，以及瑪麗・安東尼一擲千金的品味和反璞歸真的農莊生活。

近郊小旅行
舊皇家海軍學院 Old Royal Naval College

　　十七世紀中期，當凡爾賽宮開始在巴黎近郊以驚人姿態逐步擴建時，位於倫敦泰晤士河下游格林威治區的愉悅宮（Palace of Placentia），卻逐步走向傾毀的命運。這裡曾經是都鐸王朝（Tudors）多位君王的出生地，包括為離婚不惜與羅馬教廷翻臉的亨利八世（Henry VIII），以及創造出大英帝國輝煌盛世的伊莉莎白一世（Elizabeth I），如今卻只剩下一塊地標，記載著這段歷史。

　　今日來到這座象徵全世界標準時間的城鎮，依舊能在河畔看見四棟氣勢不輸王宮的宏偉建築，以左右、前後對稱的格局朝兩側延伸，它們是舊皇家海軍學院（Old Royal Naval College），聳立於昔日愉悅宮的土地上，上述那塊刻著「亨利八世和他的女兒瑪麗女王及伊莉莎白女王誕生於此」的石板，正鑲嵌於這些建築環繞的中庭中央。

昔日的愉悅宮如今只剩下一塊石板見證它曾經的存在

　　西元 1443 年時，亨利六世（Henry VI）的攝政王格洛斯特公爵漢弗萊（Humphrey, Duke of Gloucester）在這裡興建了一座宮殿，當時稱之為貝拉宮（Bella Court）。不過亨利六世的瑪格莉特王后（Marguerite d'Anjou）並不喜歡公爵，不但像路易十四為富凱羅織罪名，以重度叛國罪逮捕漢弗萊，還吞下了貝拉宮，在將它改名為愉悅宮的接下來兩個多世紀裡，王侯之府一躍成為王宮。

格林威治徒步隧道

在格林威治碼頭（Greenwich Pier）旁，有一座看起來很像通往地下停車場的圓亭建築，由此可搭乘電梯前往地下隧道（Greenwich Foot Turnnel），經泰晤士河下方抵達對岸的犬島（Isle of Dogs）。從對岸出口旁的泰晤士河小徑（Thames Path），可以欣賞到舊皇家海軍學院的壯觀全景，以及後方延伸的格林威治公園風光。

坐落於左側圓頂建築中的彩繪廳，隨處可見的壁畫美不勝收

　　亨利七世（Henry VII）是最初在此大興土木的國王，愉悅宮成為圍繞著三座中庭的大型宮殿；亨利八世在此度過了大半輩子，不但多次結婚還養育著那兩位後來當上女王的女兒；詹姆斯一世（James I）還在今日稱為格林威治公園（Greenwich Park）的那側，替王后安（Anne of Denmark）蓋了座精巧的王后宮（Queen's House）；但愉悅宮怎麼也沒想到自己會因一場動搖國本的清教徒革命（English Civil War），在 1642 至 1651 年短短不到 10 年間，便踏上毀滅的命運。

　　破敗、損毀，即使 1660 年時查理二世（Charles II）意欲重建，愉悅宮也沒有凡爾賽宮的好運，一切都難以回天，在這片土地上滋生的只有荒蕪，一直到 1694 年時才出現另一棟建築——格林威治醫院（Greenwich Hospital）。知名建築師雷恩（Christopher Wren）以巴洛克式風情，設計這座專門用來照顧皇家海軍傷患的醫院，瑪麗二世（Mary II）特別囑咐不能遮蔽王后宮望向泰晤士河的視野，於是分為四座的建築分別出現於四處象限上，並以一條大道從中將視線一路從河邊引領至公園後方逐漸升起的山丘上。

　　格林威治醫院在 1869 年結束服務，當 1873 年海軍學院從樸茲茅斯（Portsmouth）遷往大倫敦時，這裡成了它的「新」家，並一直使用到了 1998 年，也因此，即使今日這群複合式建築供格林威治大學和音樂學院使用，人們還是習慣稱呼它為舊皇家海軍學

新古典主義風格的禮拜堂上層「雕像」實為偽眼法的裝飾

院。多年來，建築或許變更用途，內部結構卻沒有太多轉換，像是今日開放參觀的彩繪廳（Painted Hall）和禮拜堂（Chapel），都出自雷恩的手筆。

它們一左一右，分別坐落於那兩棟美麗的圓頂建築之下，其中名稱來自於牆壁和天棚大量精緻壁畫的彩繪廳，原本是醫院餐廳，為倫敦聖保羅大教堂（St Paul's Cathedral）彩繪圓頂壁畫的 James Thornhill，花了 19 年的時間完成這件「巨作」，成果太過豐美，吸引無數遊客前來參觀，更曾經在 1824 至 1936 年間成為國立海軍藝術畫廊（National Gallery of Naval Art）。Thornhill 以曾參與興建皇家醫院的王室家族姓名花押字裝飾入口門廳，中央的橢圓形前廳（Lower Hall）則融合古希臘神話、基督教寓言和傳統象徵主義，於是威廉三世和瑪麗二世於空中加冕，太陽神散發著光芒，和平女神在白鴿和羊群的伴隨下，將橄欖枝遞給威廉；威廉的腳下控制著一把斷劍，象徵擊退天主教霸權路易十四，獲得宗教自由。位於拱門後方的後廳（Upper Hall）則描繪英國在海事強權上的勝利，榮耀著安妮女王（Queen Anne）及夫婿喬治親王（Prince George of Denmark），並裝飾著鍍金的天道十二宮圖案。

禮拜堂雖然最初落成於 1742 年，卻因 1779 年的一場大火而慘遭摧毀，於是銜命的 James Stuart 以希臘文藝復興風格重建，內部則展現新古典主義風格，比原本那座天棚僅

螺旋狀的鬱金香階梯和雙色大理石拼貼的大廳是王后宮最引人注目的焦點

裝飾著護板、擁有一座半圓形凹室和小樓座的前身精采許多，其中最特別之處，是大量採用的偽眼法（Trompe l'œil）裝飾——上層窗戶間真人尺寸的信徒與信使為雕像增添不少氣勢。中央出自 Benjamin West 的祭壇畫是禮拜堂的另一個焦點，重現聖保羅在馬爾他島上發生海難的故事，這是當初 West 接受禮拜堂委任繪製的祭壇畫中，唯一一幅原地保留下來的畫作。

　　當你穿行在這兩棟建築之間時，勢必注意到位於後方不遠處，迥異於舊皇家海軍學院風格的王后宮，這棟帕拉底奧式（Palladian）建築是建築師瓊斯（Inigo Jones）在結束羅馬之旅後接下的第一件大工程，是英國首件非純粹模仿外觀或元素、而是在深入理解古典風格後設計出的成品，因此在英國建築史上扮演著重要的角色！

　　清教徒革命發生時，王后宮及部分雕像和天棚壁畫等因事先移往他處而被保留下來。十九世紀末因成為皇家醫院學校（Royal Hospital School）而擴建主建築旁的東西翼附屬建築，各以一道迴廊連接。如今內部是國立海事博物館（National Maritime Museum），主要展出一些與航海主題相關的畫作，而這些展覽廳中昔日的王后臥室（Queen's Bedchamber）還保留著非常漂亮的天棚壁畫。遊客最先看到的大廳（Great Hall）是一個完美的正方形，地板以黑白雙色大理石拼貼出對稱的幾何圖案，此番景象從二樓看將更

清楚,特別是當你走上鬱金香階梯（Tulip Stairs）,更能體驗這棟建築的優雅。仔細看,這道裝飾著鬱金香鑄鐵欄杆、直朝頂層玻璃圓頂攀升的螺旋梯,僅藉由牆面懸臂和下方踏板支撐,是英國首座不採用中央支撐架的同類型階梯,讓人彷彿走進貝殼深處。

既然舊皇家海軍學院最初是愉悅宮的所在,你一定會想王宮花園如今安在?答案正擺在眼前——格林威治公園。這個首座有柵欄、被圈起的王室花園,因亨利八世引進鹿群而成為獵場,至今在公園東南角還能看見一座小型的鹿苑,詹姆斯一世則以紅磚牆區隔了他與尋常百姓的界線,也畫出了公園今日大致的輪廓,直到十八世紀,民眾才能大大方方的出入這座公園,甚至在今日正大光明的坐在成片遼闊的草地上野餐、閱讀、賞景、閒聊和嬉戲。

遊客爭相和天文臺的傳統子午線合影

公園內最受歡迎的還是高起的小丘,提供俯瞰公園一路到泰晤士河的絕佳視野,而擁有全世界最大天文望遠鏡的舊皇家天文臺（Old Royal Observatory）也位於丘頂。隨著物換星移,1675 年由查理二世創立的皇家天文臺搬到牛津後,這裡成了博物館,儘管傳統的本初子午線被雷射本初子午線取代,不過遊客仍大排長龍,爭相與那條將地球一分為二的經線合照。

INFO

交通：碼頭輕軌 Cutty Sark 站,或從倫敦國王十字、滑鐵盧和倫敦橋（London Bridge）等火車站搭乘火車前往格林威治

舊皇家海軍學院
地址：Old Royal Naval College, King William Walk, Greenwich, London SE10 9NN
電話：+44（0）20 8269 4747
時間：區域範圍每日 8:00~18:00,彩繪廳、禮拜堂和展覽廳每日 10:00~17:00。公休 12/24~12/26
門票：免費
網址：www.ornc.org

王后宮
地址：Queen's House, Greenwich, London SE10 9NF
電話：+44（0）20 8858 4422
時間：每日 10:00~17:00
門票：免費
網址：www.rmg.co.uk/queens-house

PART III 巴黎典藏

藝術饗宴

WELCOME TO LONDON

MATISSE FOR FREE AS A TATE MEM

CUT

OUTS

MATIS

文明的寶庫
羅浮宮 Musée du Louvre

　　收藏著數十萬件的跨世紀文物瑰寶，羅浮宮和倫敦大英博物館（British Museum）及紐約大都會藝術博物館（The Metropolitan Museum of Art）並列為世界三大博物館。因為這項身分過於彰顯，常使得人們忽略了該建築前身曾為王宮，濃縮的是 800 年的法國建築與歷史菁華，因此除了欣賞令人驚豔的文物外，羅浮宮更適合展開一場「時光之旅」！

　　去過羅浮宮的人，一定都和我有著同樣的經驗：在一棟彷彿沒有邊際的龐大建築中焦慮的來回穿梭。的確，因為羅浮宮太大了，上上下下、或左或右的空間延伸猶如迷宮，再加上非常豐富的館藏，光是常態性展覽品就超過上萬件，想一一盡數幾乎是不可能的任務。為此，我的羅浮宮之行總是無可避免的艱辛！

　　儘管已經參觀過羅浮宮不下五次，而且通常都要消磨大半天甚至一整天的時間穿梭其中，但我還是覺得意猶未盡。後來才發現，並不是因為我在這片茫茫珍寶海洋中錯過了什麼，不是因為我少看了德拉克洛瓦（Eugène Delacroix）那幅印成郵票或鈔票的名畫《自由引導人民》（la Liberté Guidant le Peuple），也不是因為錯過了頒布於西元前二世紀、最早的成文古巴比倫《漢摩拉比法典》（Code de Hammurabi），或是皮傑（Pierre Puget）展現古希臘最偉大奧運選手晚年不敵獅咬而葬生的《克羅托那的米羅》（Milon de Crotone）……，而是每次我希望將羅浮宮走遍的雄心壯志，總在以手持地圖各點「擊破」為開端，迷失於「迂迴」的大小展覽廳中結束。

　　結論是我雖然海掃了這些文物、踏遍了博物館，但太過貪心的結果欠缺參觀邏輯，於是一直身陷迷宮之感。因此，最好的參觀方式，是想清楚自己想看的內容，特別喜歡哪個時期的藝術風格、哪個地區的文物或是哪位畫家；若時間有限只想看看鎮館之寶，就跟隨導覽圖上的指示或羅浮宮規劃的主題行程，專注尋訪這些巨作。如果你有更多的時間或貪心如我者，不妨以博物館的《羅浮宮八百年悠悠歲月》（Du Palais au Musée, Huit Siècles d'Histoire）為基本路線，沿途順遊《羅浮宮館藏傑作》（Chefs-d'œuvre du Musée, Parcours Accessible）和導覽圖上特別標示的作品，如此一來，不但能一網打盡知名館藏，還能有系統的飽覽羅浮宮建築之美。

　　該路線以位於地下一樓（entresol）的「中世紀羅浮宮」（Louvre Médiéval）為起

《薩莫色雷斯的勝利女神》展現女性昂然而立、衣裙飄揚的美麗姿態

點，這裡是羅浮宮唯一保存的中世紀結構，也是建築體的起源，西元 1190 年時，法王菲利普二世（Philippe II）為了防止外敵入侵，在塞納河畔興建了一座邊長各約 90 公尺的方形防禦性城堡，於是昔日的護城河遺跡和廊柱上的鬼臉雕像成了此區的焦點。

十四世紀，查理五世（Charles V）率先將王宮從西堤島遷往羅浮宮，不過直到弗朗索瓦一世（François I）時，才請勒斯科（Pierre Lescot）以文藝復興風格加以改建，於 1546 至 1559 年間出現今日的方形中庭（Cour Carée），擴建工程一直延續至亨利二世。從階梯走上位於一樓（rez-de-chausée）的藍色 17 號展覽廳，正是當時的宮殿核心卡亞第德廳（Salle des Caryatides），曾是宴會廳的它由四尊撐起樂師席的女性雕像得名，如今展示古羅馬時期的雕刻和複製品，《米洛的維納斯》（Vénus de Milo）的斷臂是此區最知名的一件，位於 16 號展覽廳。

西元 1624 至 1654 年間、路易十四在遷居凡爾賽宮前曾命佩侯（Claude Perrault）和勒沃，將羅浮宮東面以法國古典主義風格改建，工程包括母后安娜的夏日寢室（Appartements d'Eté d'Anne d'Autriche），也就是今日以藍色 22 號展覽廳為首、朝東面向花園的一系列房間，成排呈直線的廳門展現當時流行風格，頂棚裝飾著大量金色雕刻和絕美的壁畫。位於 31 號展覽廳的是斯芬克斯廳（Cour du Sphinx），四周以玻璃防護，落成於 1663 年的它擁抱著一座西元四世紀的土耳其羅馬式別墅，可透過展示伊特魯西亞文物的長廊欣賞。

羅浮宮因凡爾賽宮的出現而停止擴建，甚至差點在路易十五世時遭到拆除，幸虧因耗資經費龐大才打消此念頭，它停擺的命運直到拿破崙即位後才再度大興土木，今日的達魯階梯（Escalier Daru）便是取名自他的一位大臣，不過落成於十九世紀中的它因高踞於平臺上的《薩莫色雷斯的勝利女神》（Victoire de Samothrace）而有了新的暱稱。

出了階梯，二樓（1er étage）的圓形建築就是路易十四昔日的接見廳，阿波羅圓廳（Rotonde d'Apollon），右側延伸著華麗的阿波羅長廊（Galerie d'Apollon）。接續圓廳後

金碧輝煌的阿波羅長廊

查理十世長廊的展覽品以古埃及和古希臘文物為主

方的藍色展覽廳是路易十四的的鏡廊（Salle des Verres），如今展示著珍貴的寶物，落成於十九世紀，以天棚《米洛的維納斯》（Vénus de Milo）壁畫引人注目。再往下便是七壁爐廳（Salon des Sept-Cheminées），擁有挑高天棚的它原為三層式建築，是昔日國王樓閣（Pavillion du Roi）所在，一間間廳房層層而生。

　　33 號展覽廳便是昔日國王面會朝臣和侍從的亨利二世廳（Salle Henri II），天棚上除了隱藏著象徵路易十四姓名 L 圖案的大量鍍金細木裝飾外，還能看見 1953 年時布拉克（Georges Braque）繪製的兩隻白鴿。後方敞開的巨大長方型廳房為青銅廳（Salle des Bronzes），最初擴建於十六世紀中，十九世紀時則重整為皇家會議場所，如今展示著古代青銅文物。青銅廳的另一頭出口通往亨利二世樓梯（Escalier Henri II），這座法國文藝復興時期最美麗的階梯之一，引進了義大利當時的時尚風潮，上方交織的 H 和黛安娜女神標誌，代表熱愛狩獵的亨利二世。

　　樓梯之後的國家行政法院廳（Salle du Conseil d'État）是四個相連的大套房，最初是興建於十七世紀的朝臣住所，1827 年波旁王朝復辟時期則是行政法院，至今從頂棚裝飾還能看見與司法和立法者相關的壁畫，俯視著下方路易十四至路易十五親政前的家具與工藝品。沿原路折返七壁爐廳後，左側是以 9 間大廳組成的查理十世長廊（Galerie Charles X），同樣落成於 1827 年，頂棚壁畫出自頂尖藝術家之手，藍色 35 至 38 號展覽廳描繪尚未因維蘇威火山噴發而消失的龐貝（Pompeii）與艾爾科拉諾（Herculanum）古城面貌，綠色 27 至 30 號展覽廳則強調古埃及和羅馬文藝復興時期的建築特色，藏品橫跨古埃及和古希臘文物。

　　長廊的盡頭為米迪樓梯（Escalier du Midi），穿過平臺而達的綠色 26 號展覽廳是細

細木雕刻廳如今是古埃及文物陳列室，其中包括知名的《書記官坐像》（Le Scribe Accroupi），及無數小型神像雕飾等

木雕刻廳（Salle des Boiseries），名稱由隨處可見的細木雕飾而來，前身為路易十四臥室，臥房內的凹室便是過去放置著國王床鋪的位置，如今則成為古埃及文物陳列室。往回走到藍色 44 號展覽廳，由此延伸著坎帕納長廊（Galerie Campana），它於 1819 年開始興建，天棚壁畫敘述法國的君王與藝術史，展出的大量希臘陶瓷藝品主要購自十九世紀義大利知名收藏家坎帕納侯爵的珍藏。

回到達魯樓梯後，上行一段階梯前往柏西埃廳和封丹廳（Salles Percier et Fontaine），除了大理石柱和裝飾繁複雕刻的頂棚外，這裡也是俯視斯芬克斯廳的好地方。紅色 3 號展覽廳方形沙龍（Salon Carré）因火災重建後略呈長方形，打從十八世紀時便是臨時展覽廳，而在它後方延伸了 450 公尺的大畫廊（la Grande Galerie），最初是亨利四世和路易十三於 1591 至 1610 年間興建、連接羅浮宮和杜樂麗宮間的花廊（Pavillion de Flore），多次重建與整修後，如今成了義大利畫作的家。從中間右轉彎進紅色 6 號展覽廳，這裡展示著韋羅內塞（Paolo Veronese）《迦南的婚禮》（Les Noces de Cana），和達文西《蒙娜麗莎的微笑》（La Joconde）。

紅色 76 號展覽廳是以首任館長命名的德農廳（Salon Denon），出現於十九世紀

大畫廊主要收藏義大利畫作，其中包括羅浮宮鎮館之寶《蒙娜麗莎的微笑》

中的拿破崙三世時期，可以在正中央的天棚看見其頭像，和四幅偉大君王守護藝術的壁畫。德農廳兩旁的紅色大廳分別為東、西的達魯廳（Salle Daru）和莫里恩廳（Salle Mollien），均用來展示十九世紀的大型法國畫作，其中達魯廳中收藏了原本存放於凡爾賽宮中的大衛（Jacques-Louis David）名畫《拿破崙一世加冕儀式》（Le Sacre de Napoléon），以及他的另兩幅作品《荷拉斯兄弟之誓》（Le Serment des Horaces）和《大宮女》（la Grande Odalisque）。

經過落成於 1863 年、以玻璃天花板引進光源的莫里恩廳，杰里科（Théodore Géricault）的《梅杜莎之筏》（Le Radeau de la Méduse）是其中最值得一看的作品。從莫里恩階梯（Escalier Mollien）往下走至淺褐色 4 號展覽廳米開朗基羅長廊（Galerie Michel-Ange），這個擁有大理石鋪面、模仿卡亞第德廳的十九世紀建築，如今陳列著文藝復興時期的大師級義大利雕刻，包括米開朗基羅《俘虜》（l'Esclave），和卡諾瓦（Antonio Canova）《賽姬被丘比特喚醒》（Psyché ranimée par le baiser de l'Amour）。

離開德農館後直接前往黎塞留館的皮傑中庭（Cour Puget），原本是陳列十七至十九世紀雕刻的露天中庭，在拿破崙三世時加上了頂部的玻璃罩，成了採光充足的室內空間。

德魯廳中主要展示大型法國畫作，大衛的《拿破崙一世加冕儀式》便是其一

皮傑中庭（左）和馬利中庭（右）因加蓋了頂層玻璃罩，而由露天中庭成為室內空間

如果想一探《漢摩拉比法典》，可以稍微繞道淺褐色 33 號展覽室，從那裡前往橘色 3 號展覽室。接下來前往與皮傑中庭對望的馬利中庭（Cour Marly），這處原本被拿破崙三世當成黎塞留館入口的空間，落成了羅浮宮今日建築群的整體樣貌，自 1993 年起展示法國雕塑，其中數尊雕像都是從馬利城堡的大花園遷移至此，例如《馬利的駿馬》（les Chevaux de Marly）等。

從這座雕像左側的大臣樓梯（Escalier du Ministre），可以通往位於二樓的拿破崙三世套房‧主客廳（Appartements Napoléon III. Grand Salon），彩繪天棚、鍍金雕刻、巨幅繪畫和華麗家具均展現帝國極盡奢華的威儀，但會有這個名字是因為它的裝飾風格，而非拿破崙三世曾在此居住。最後從雷佛耶樓梯（Escalier Lefuel）一路來到拿破崙堂（Hall Napoléon），建築師貝聿銘為密特朗總統執行的大羅浮宮計畫（le Grand Louvre），以一座由 800 塊玻璃打造、高 22 公尺、底寬 30 公尺的金字塔當成今日羅浮宮的入口，這個 1989 年為紀念法國大革命 200 周年展開的擴建工程，是羅浮宮時至今日最後的改建，也讓這座宮殿的跨世紀之旅在此畫下句點。

INFO

羅浮宮
交通：地鐵 1 和 7 線 Palais Royal-Musée du Louvre 站
地址：Musée du Louvre, 75058 Paris
電話：+33（0）1 40 20 53 17
時間：周三至周一 9:00~18:00，周三和周五延長開放至 21:45。公休周二、1/1、5/1、12/25
門票：永久展€ 12
網址：www.louvre.fr

1&2 位於皮傑中庭裡的皮傑名作《克羅頓的米隆》(Milon de Crotone，圖1)和 Antoine Coysevox 的《黛安娜裝扮的勃艮第公爵夫人》
(Maire- Adélaïde de Savoie, Duchesse de Bourgogne, en Diane，圖2)
3 馬利中庭裡以擬人化方式展現的《羅亞爾河和羅亞爾赫省》（ La Loire et Le Loiret ）

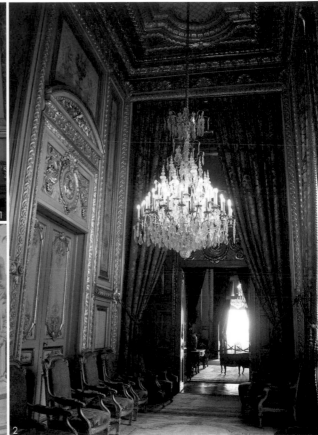

1&2&3 拿破崙三世套房點綴著大量金飾和水晶吊燈

4 玻璃金字塔是大羅浮宮計畫中最重要的改造元素

以 1,656 片三角形玻璃和鋼架打造的大中庭,為大英博物館帶來嶄新的面貌

計千禧橋、「小黃瓜」(The Gherkin)等倫敦多件當代知名地標的建築師事務所 Foster and Partners 操刀,以 1,656 片三角形玻璃和鋼架,創造出這片寬敞且採光極佳的活動空間,為這座歷史悠久的建築帶來嶄新面貌。

擁有 94 間分屬古埃及和蘇丹館(Department of Ancient Egypt and Sudan)、希臘和羅馬館(Department of Greece and Rome)、中東館(Department of the Middle East)、版畫和素描館(Department of Prints and Drawings)、史前和歐洲館(Department of Prehistory and Europe)、亞洲館(Department of Asia)、非洲、大洋洲和美洲館(Department of Africa, Oceania and the Americas)、硬幣和紀念幣館(Department of Coins and Medals)的展覽廳,大英博物館提供多樣探索方向,可以按照區域、年代、文明、物品等主題自行參觀,甚至還推出《100 件文物看遍世界史》(A History of the World in 100 Objects)的導覽。

不過要在一個下午、甚至一天看上 100 件文物,同樣不是件輕鬆的差事,我倒認為不如將所有精力放在古埃及和蘇丹館、希臘和羅馬館以及美洲館的焦點文物上。然而在

古埃及收藏是大英博物館的大亮點，其中包括拉美西斯二世半身像（上左）、解開古埃及文奧祕的羅塞塔石碑（上右），以及各色木乃伊和葬儀用品

真正展開「旅程」前，不妨先到啟蒙廳（Enlightenment Gallery）逛逛，它大概是最能展現大英博物館最初面貌的地方，也是和這篇文物掠奪史最扯不上關係的地方。在兩間相鄰、猶如長廊般延伸的大廳裡，陳列著斯隆爵士五花八門的收藏，巨型貝殼或動物化石、罕見植物或異國昆蟲標本、各色古玩或骨董、半身雕刻或大型裝飾……，穿插出現於成排的壁櫃或廳中的展示臺上，讓人彷彿走進某位富豪家中的客廳或私人收藏室！

　　古埃及館絕對是大英博物館中最多人拜訪的地方，以古埃及象形文字（Hieroglyphic，或稱「聖書體」）、埃及草書（Demotic，或稱「世俗體」）和古希臘文三種文字篆刻的

1&2 古希臘帕德嫩神殿雕刻群和引人注目的酒神雕像
3&6 古希臘文物展覽區和展出其中的賽普勒斯女性雕像
4&5 莫索洛斯陵墓中的駿馬和夫婦雕像
7 帕德嫩神殿主建築復原後的面貌

羅塞塔石碑位於一樓（Ground Floor）的 4 號展覽廳中，法國學者商博良（Jean-François Champollion）藉著這塊西元前 196 年的托勒密五世（Ptolemy V）詔書，破解古埃及文字的祕密，進而讓古埃及歷史與文明得以撥雲見日；該展覽廳中值得一看的還有重達 7 公噸、從遠在底比斯的拉美西斯陵廟（Ramesseum）搬來的巨大拉美西斯二世半身像。

埃及木乃伊是大英博物館的鎮館之寶，在位於二樓（1st Floor）的 62 和 63 號展覽廳中展示著多位貴族和祭司的木乃伊，伴隨著層層棺槨和收藏內臟的下葬甕，以及各式各樣的陪葬品，讓埃及人死後的異想世界重現於眾人眼前；此外，這裡還有大受兒童歡迎的貓木乃伊。

至於希臘和羅馬館的明星是位於一樓 18 號展覽廳的帕德嫩神殿雕刻，因為是艾爾金伯爵布魯斯的戰利品，因此又暱稱為「艾爾金的大理石」（Elgin Marbles）。這些浮雕是西元前 440 年的作品，按照它們原先的位置展示，存在於神話中的人物與生物走進現實，其中最引人注目的是裝飾於東面三角楣上斷手缺腳的酒神狄奧尼索斯（Dionysus）。

有了神殿，位於 21 號展覽廳的哈里卡納索斯的莫索洛斯陵墓（Mausoleum at Halicarnassus）則是另一類紀念建築的代表，這座被列為古代七大奇景之一的遺跡，是西元四世紀時土耳其國王莫索洛斯（Mausollos）的陵墓，其中保留下來的一對男女雕像被認為國王夫妻，不過最精采的部分要屬拉乘四輪馬車的駿馬巨像。漢彌爾頓爵士曾帶來許多希臘花瓶，館中名氣最響亮的是波特蘭花瓶（Portland Vase），這只高 25 公分的深藍色花瓶，以擁有它長達 160 年的波特蘭公爵家族命名，大約誕生於西元一世紀左右的義大利，裝飾上方的貝殼浮雕精

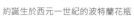

約誕生於西元一世紀的波特蘭花瓶

細的描繪出海神的婚禮、亞歷山大大帝母親奧林琵雅絲的夢等場景，如今陳列於二樓的 70 號展覽廳。

美洲展覽廳位於啟蒙廳後方，在編號 27 的空間裡以墨西哥文物為主，以綠松石鑲嵌而成的雙頭蛇（Double-headed Serpent），可能是阿茲特克首領在儀式場合中佩戴的飾品，對這支信奉羽蛇神的民族來說，蛇是神聖的象徵、綠松石是昂貴的礦石，可見此物擁有極高的價值，屬於十五世紀的藏品。同展覽室中還可以看見歐爾麥克石頭面具（Olmec Stone Mask），雖然是個面具但卻當成項鍊的墜飾來佩戴，目的可能在於提供佩帶者猶如祖先或神祇的新身分，在面具下垂的嘴角旁裝飾著歐爾麥克的圖象符號，它們是目前已知美洲最早出現的書寫。

1 2
3 4

1 美洲展覽廳的綠松石雙頭蛇（局部）

2&3 歐爾麥克石頭面具
4 展現美洲當地信仰與傳統的雕像

亞述人的獵獅壁畫生動描繪出當時的情景

西元四世紀羅馬後期的凸紋雕刻碗　　　太平洋展區陳列了各島嶼居民文化，包括一尊來自復活島的毛伊石像

INFO

大英博物館

交通：地鐵 Central 和 Northern 線 Tottenham Court Road 站，或地鐵 Piccadilly 線 Russell Square 站，
　　　或地鐵 Northern 線 Goodge Street 站
地址：Great Russell Street, London, WC1B 3DG
電話：+44（0）20 7323 8299
時間：每日 10:00~17:30，周五延長開放至 20:30
門票：免費
網址：www.britishmuseum.org

藝術的巨擘
奧塞美術館 Musée d'Orsay

火車沿著軌道，慢慢的朝籠罩於玻璃屋頂下的車站前進，濃濃的白煙搶先鑽進了人聲鼎沸的室內，一時遮蔽了月臺旁引頸期盼的人們前方的視線，從火車上下來的乘客，或奔向親友、或湧往出口，這些時刻瞬間凍結，全成了莫內（Claude Monet）筆下的世界，這位印象派大師曾在 1877 年時以巴黎的聖拉札火車站（Gare Saint-Lazare）為主題，畫下了多幅的作品。

位於塞納河左岸的奧塞美術館前身也是一座火車站，不過當它在西元 1900 年落成時，莫內早已經搬到了距離巴黎 80 公里以外的吉維尼（Giverny），正邁向個人繪畫生涯的巔峰，專心的畫著一幅幅日後成為經典之作的《睡蓮》（Nymphéas）。「生不逢時」的奧塞火車站（Gare d'Orsay），無從引起大師的注意，除了那座日式庭園外，不知是否另有原因！難道是布雜藝術（Beaux-Arts）風格的建築過於華麗？被玻璃圓頂和半弧狀玻璃包得密不通風的車站難以觀察光線與光影？還是電氣化鐵軌和引擎讓不再冒煙的火車頭失去了魅力？無論如何，奧塞火車站幾乎沒能在任何一位藝術大師手下保存昔日風情的浮光掠影。

不過，這座火車站倒是巴黎奧爾良鐵路公司（Compagnie du chemin de fer de Paris à Orléans）的驕傲，建造之初為了與羅浮宮和協和廣場相襯，特別請來三位當代知名設計師量身打造，使得這棟建築至今看來依舊顯得優雅、氣勢不凡。巴黎奧爾良鐵路公司肩負著興建及營運巴黎與羅亞爾赫省（Loiret）首府奧爾良之間交通的任務，在鐵路鋪進巴黎市內前，就於 1843 年時以長達 114 公里的鐵軌，創下當時法國最長鐵路的紀錄。而後當它終於買下這片被巴黎公社（Commune de Paris）士兵燒毀的奧塞宮（Palais d'Orsay）寬敞土地後，現代的火車站連同坐落於西、南兩翼附屬建築中擁有 370 間客房的旅館，為兩地交通拉開嶄新的序幕。

雖風光一時，但 1939 年列車變得更長後，奧塞火車站的鐵軌就顯得「捉襟見肘」而不再適合主要路線使用，於是郊區路線獨挑大梁，沒幾年的光影，火車站銷聲匿跡。滄桑了 40 年、在 1986 年鹹魚翻身為奧塞美術館以前，這裡曾是二次大戰期間的戰俘包裹發送集散地和遣返戰俘的登記中心，甚至在幾部電影中扮演布景的角色，還差點在 1970 年慘遭拆除，所幸法國博物館理事會為它找出了新的定位：銜接羅浮宮和龐畢度中心藝

玻璃天棚照亮的美術館內部依舊可見昔日火車站的結構

美術館外端坐的青銅雕像以女性形象展現各洲特色

術斷層的橋梁！

　　於是，1978 年時被編列為歷史古蹟的奧塞美術館再也不必擔心朝不保夕，不僅如此，它還在義大利設計師 Gae Aulenti 的巧手改造下，搖身一變成為巴黎最熱門的博物館之一，從國立網球場藝廊（Galerie Nationale du Jeu de Paume）中挑出的大量藝術品，連同羅浮宮等其他博物館中介於 1848 至 1915 年間、特別是法國藝術為主的繪畫、雕塑、家具和照片等作品，自此有了時代相近的家族成員。

　　今日站在奧塞美術館的中央，還是能清楚看見前身為火車站的遺跡：大量引進明亮光線的玻璃天棚為人們遮陽避雨，月臺成了大大小小的展覽廳，連接月臺的空橋化身欣賞空間之美的步道，昔日高掛在車站大廳的那口大鐘，長針也依舊追逐著短針。2011 年，奧塞美術館再度整修，同時擴建多達 400 平方公尺的展覽空間，藝術品洗了牌、搬了樓層，整體結構營造出的面貌仍然維持不變。

　　馬內（Édouard Manet）《奧林匹亞》（Olympia）和《草地上的野餐》（le Déjeuner sur l'Herbe）、梵谷（Vincent van Gogh）《星夜》（Nuit Étoilée sur le Rhône）和《自畫像》（Portrait de l'Artiste）、竇加（Edgar Degas）《舞蹈課》（la Classe de Danse）和《苦艾酒》

華麗的布雜建築風格讓奧塞美術館氣勢不凡

（l'Absinthe）、塞尚（Paul Cézanne）《玩牌者》（les Joueurs de Cartes）、莫內《罌粟花田》
（Coquelicots, la Promenade）和《盧昂大教堂》（Cathédrale Notre-Dame de Rouen），以
及雷諾瓦（Pierre-Auguste Renoir）《煎餅磨坊的舞會》（Bal du Moulin de la Galette）和《鄉
村之舞》（Danse à la Campagne）……，人們來到奧塞美術館，尋求著印象派近看朦朧、
退望光影流動的溫柔撫慰，你所熟知的大師與作品都收藏其中。

　　但美術館展示方式並不全然以畫家分類，輔以時間軸切割，因此追尋心儀大師作品
時，得多留意導覽地圖的標示。

奧塞美術館
交通：RER C 線 Musée d'Orsay 站，或地鐵 12 線 Solférino 站
地址：1, Rue de la Légion d'Honneur, 75007 Paris
電話：+33（0）1 40 49 48 14
時間：周二至周日 9:30~18:00，周四延長開放至 21:45。公休周一、5/1、12/25
門票：全票€ 11，優待票€ 8.5
網址：www.musee-orsay.fr

藝術的巨擘
國家藝廊 National Gallery

　　只要看過取景於倫敦的電影或影集，對國家藝廊就一定不陌生，這棟以廊柱撐起三角楣、頭頂灰藍色圓頂的宏偉建築，端坐於兩側各擁一座噴泉的特拉法加廣場（Trafalgar Square）上。自 1824 年創立於獨棟宅邸，歷經約兩個世紀的發展，今日的國家藝廊已是一處可容納超過 2,000 輛雙層巴士、面積超過 46,000 平方公尺的空間，同時也是英國最舉足輕重、全世界最傑出的美術館之一。

　　儘管大英博物館的收藏包羅萬象，其中還包含了不少米開朗基羅（Michelangelo）的素描、伊朗的人物肖像畫和印度的細密畫（Miniature）等藝術作品，不過比起羅浮宮的繪畫收藏，平心而論大英博物館在這方面確實稍顯遜色。

　　英國人大概也早就發現這點，因此下議院（House of Commons）於十九世紀初從藝術收藏家安傑斯坦（John Angerstein）的手中買下 38 幅包括義大利、荷蘭、法蘭德斯（Flemish）和英國等藝術學派的精緻作品，供民眾觀賞或用以教學，其中包括義大利十六世紀畫家 Sebastiano del Piombo《拉薩路的復活》（The Raising of Lazarus），它們和風景畫家同時也是藝術收藏家博蒙特（Sir George Beaumont）捐贈的作品，一同在安傑斯坦之家（Angerstein's House）中展出。這批嶄新的國家收藏在委員會的努力奔走和各方捐贈下逐漸擴充，漸漸的安傑斯坦之家再也不敷使用，於是 1831 年在議會的同意下，開始在特拉法加廣場上興建今日的國家藝廊。

　　你或許知道，每年聖誕節期間倫敦豎立那棵高達 25 公尺聖誕樹的地方，正是特拉法加廣場，它也是許多知名的遊行活動或集會地點，原因其來有自，因為它是倫敦的中心：一條條延伸至英國各地的公路，皆以此為起點測量出公里數！當初議會也是基於同樣的理由在此設立國家藝廊，如此一來，無論是搭乘馬車的富人，或是步行往返的窮人，都能前來這座美術館欣賞畫作，尤有甚者，為了成為一座屬於所有階層的全民美術館，打從 1838 年開幕之初，國家藝廊便不收取任何入場費，同時不斷延長開放時間，學生更能隨意在此臨摩。

　　特拉法加廣場的前身為國王馬廄（King's Mews），1830 年時建築師納許為了改建查令十字地區，特地創立一座可以俯瞰泰晤士河的公共文化空間。國家藝廊的建築師 William Wilkins 則大量利用昔日馬廄的結構，並結合保存位於附近，攝政王子舊居卡爾

歷經不斷的擴建，國家藝廊終於落成為今日宏偉的規模

登府（Carlton House）拆除後的圓柱，打造出今日面貌。伴隨著作品的大量增加，空間不足的國家藝廊只能向其他地方商借展出地點，並一再擴建，1876 年落成了東翼和令人印象深刻的圓頂，1907 年清除的軍營又增添了幾座新展覽廳，最重要的發展來自於 1985 年聖思博里男爵（Lord Sainsbury of Preston Candover）的資助，以及二次世界大戰後因空襲造成附近建築毀壞而釋出的空間。今日，國家藝廊終於成為一座得以同時展出 2,300 幅，1260 至 1900 年歐洲繪畫作品的美術館。

為了讓所有人都能感知藝術之美，國家藝廊推出多樣導覽路線，其中甚至有 10 分鐘「快閃」介紹某一幅特定畫作的「10-minute talks」，於周一至周五下午 4 點展開，每日畫作名稱可上官網查詢，另外每天還有 2 至 4 場 60 分鐘的導覽行程，欣賞約 5 至 6 幅大師傑作。

不過最受歡迎的，要屬提供包含中文在內的語音導覽服務「30 幅焦點巨作」（30 Highlight Paintings），包含范‧艾克（Jan van Eyck）以突鏡突顯空間結構和布局的《阿諾菲尼夫婦》（The Arnolfini Portrait）、達文西以三角構圖畫下的《岩間聖母》（The Virgin of the Rocks）、波提切里（Sandro Botticelli）優美的神話題材畫作《維納斯與戰神》（Venus and Mars）、小霍爾班（Hans Holbein the Younger）以細節寫實刻畫人物性格的《使

節》（The Ambassadors）、卡拉瓦喬
（Michelangelo Merisi da Caravaggio）
充滿戲劇性光線和動作的《以馬斯的
晚餐》（The Supper at Emmaus）、
梅維爾（Johannes Vermeer）巧妙利
用光影營造空間的《站在小鍵琴旁
的女子》（A Young Woman Standing
at a Virginal）、庚斯博羅（Thomas
Gainsborough）結合貴族肖像與風景
畫的《安德魯夫婦》（Mr and Mrs
Andrews）、透納（Joseph Turner）以
水彩捕捉英國多變天候的《勇莽號戰
艦》（Thc Fighting Temeraire）、秀拉
（Georges Seurat）表現點彩手法的《阿
尼埃爾浴場》（Bathers at Asnières），
以及梵谷以豐富色彩畫出生命力的
《向日葵》（Sunflowers）等。

達文西《岩間聖母》局部畫作（Wikimedia Commons 提供）

INFO

國家藝廊

交通：地鐵 Bakerloo 和 Northern 線 Charing Cross 站，或地鐵 Bakerloo 和 Piccadilly 線 Piccadilly
　　　Circus 站，或地鐵 Northern 和 Piccadilly 線 Leicester Square 站
地址：Trafalgar Square, London WC2N 5DN
電話：+44（0）20 7747 2885
時間：每日 10:00~18:00，周五延長開放至 21:00。公休 1/1、12/24~12/26
門票：免費
網址：www.nationalgallery.org.uk

Do you know......

特拉法加的由來

特拉法加廣場之名，來自於十九世紀英法間最大規模的特拉法加海戰（Battle of
Trafalgar），這場英國有史以來最輝煌的勝戰之一，付出的代價是喪失非凡的軍事天才尼
爾遜（Horatio Nelson）將軍，英國為此在聖保羅大教堂舉行隆重葬禮，同時於這座廣場中
央豎立了尼爾遜紀念碑（Nelson's Column）。

顛覆的精神
龐畢度中心 Centre Georges Pompidou

　　法國有個不成文的傳統，每任總統卸任前都會送給國民一份禮物，為他的任職畫下完美句點。這份禮物通常是別出心裁、引人側目的文化性建築，例如密特朗（François Mitterrand）送上大羅浮宮計畫和猶如四本敞開巨書的法國國家博物館（Bibliothèque Nationale de France），席哈克（Jacques René Chirac）落成了充滿環保意識的布洪利堤岸博物館（Musée du Quai Branly），至於走在他們前面的龐畢度（Georges Pompidou），則留下以他為名的美術館。

　　儘管落成於 1977 年，但以今日的眼光看來，龐畢度中心仍然充滿著現代感且高科技的氛圍！

　　大量的鋼鐵骨架和外露管線拼拼湊湊出一個機械怪物，彷彿怕人們還不夠了解它們的功用，於是建築師將其赤裸裸的解構：藍色代表排氣管、綠色代表水管、黃色代表電線管，至於供參觀者走動的空間則以紅色標示……這對曾將艾菲爾鐵塔比喻為「鐵製怪獸」的法國人來說，無疑再度挑戰他們的美學觀點，有位評論家甚至將它比擬為「煉油廠」，雜音喧騰了一段時光。

　　不過真金不怕火煉，今日的龐畢度中心已經成為巴黎最具代表性的風景之一，它和附近的瑪黑區（Marais）更成為當地藝文風情雅痞小區。而誕生這件「前衛大膽」作品的，是以英國理查‧羅傑斯（Richard Rogers）、義大利羅倫佐‧皮亞諾（Renzo Piano）和奇安佛朗柯‧弗蘭奇尼（Gianfranco Franchini）領軍的團隊，他們從法國首場跨國建築設計競賽中脫穎而出，皮亞諾和羅傑斯更先後在 1998 和 2007 年獲得建築普利茲獎，也在世界各地留下許多知名建築，然而要說他們最令人津津樂道的作品，龐畢度中心絕對是其中之一！

　　龐畢度中心的一大推手當然還包括龐畢度總統本人，1960 年代時，緊鄰今日龐畢度中心的磊阿勒（Les Halls），移走了歷史悠久的果菜食品市場，於是市民認為應該將現代藝術中心設來此，此外，身為文化和藝術之都的巴黎，也應該有一座大型、免費的公共圖書館。因此，1969 年，龐畢度決定採用首任文化部長 André Malraux 多元文化建築的想法，把前任總統戴高樂宣布興建圖書館的波布區（Beaubourg），轉變為一處結合當代藝術中心與圖書館的地點。由於龐畢度本人在 1974 年該中心落成前即因癌症過世，因此人

繽紛的色管區隔不同功能的管線與管　搭乘半圓弧狀的透明電梯前往美術館，是種相當有趣的體驗
道，形成龐畢度中心外觀的特色

們將它命名為龐畢度中心以茲紀念。

中心占地約 2 公頃，裡頭區分為國立現代藝術美術館（Musée National d'Art Moderne）、布朗庫西工作室（l'Atelier Brâncuşi）、公共資訊圖書館（Bibliothèque Publique d'Information）、康丁斯基圖書館（Bibliothèque Kandinsky）和特展空間等。其中美術館位於四（3ème Etage）、五樓（4ème Etage），入口在龐畢度廣場上（Place Georges Pompidou），如果從最近的地鐵站 Rambuteau 走來，可以看見該建築背面和側面爬滿外觀的彩色管道，到了街頭藝人聚集的廣場，迎接你的則是巨大的白色風管，它們站在略高的廣場平臺，彷彿對著龐畢度中心大口吹氣。

在一樓購票後，登上罩於透明管內的手扶電梯，讓人彷彿輸送帶的物品被送往目的地，四樓主要展示由博物館之友協會（Sociéte des Amis du Musée）的收藏家，為「當代藝術計畫」（Projet pour l'Art Contemporain）選購的館藏，作品橫跨 1960 年代至今，其中包括誕生於 1971 年、近年來逐漸嶄露頭角的柬埔寨藝術家索菲普·皮切（Sopheap Pich）的《貧瘠之地》（Barren Land），這件以竹子、藤條、黃麻布、蜂蠟、樹脂和木炭筆等素材創作的藝術品，是他首件入選歐洲博物館館藏的作品。

1 畢卡索《藍衣女子》
3 迪克斯《記者泛‧哈登像》

2 夏卡爾《給俄國、笨驢和其他》
4&5 大量留白的空間更能突顯畫作的特色

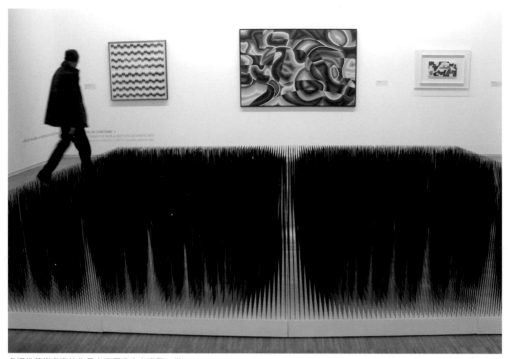

各現代藝術名家的作品在龐畢度中心齊聚一堂

　　五樓陳列著國立現代藝術美術館最著名的作品，包含 1905 年至 1970 年代的野獸派、立體主義、超現實主義、抽象主義等各種現代主要藝術流派，如封塔那（Lucio Fontana）、康丁斯基、米羅（Joan Miró）、雷捷（Fernand Léger）、波洛克（Jackson Pollock）等二十世紀藝術大師，其中又以畢卡索和馬蒂斯的作品最多，畢卡索《藍衣女子》（Femme en Bleu）、夏卡爾（Marc Chagall）《給俄國、笨驢和其他》（A la Russie, aux Anes et aux Autres）、迪克斯（Otto Dix）《記者泛・哈登像》（Protrait de la Journaliste Sylvia von Harden），及馬蒂斯《國王的悲哀》（Tristesse du Roi）最為著名。

INFO

龐畢度中心

交通：地鐵 11 線 Rambuteau 站
地址：Place Georges-Pompidou, 75004 Paris
電話：+33（0）1 44 78 12 33
時間：周三至周一 11:00~21:00，周四延長開放至 23:00。公休周二、5/1
門票：全票 € 13，優待票 € 10
網址：www.centrepompidou.fr

1 智利畫家 Matta 的巨幅油畫《混亂的力量》（Les Puissances du Désordre）
2 龐畢度中心一樓設有美術館商店
3 造型獨特的椅子也是國立現代藝術美術館的收藏之一

觀景平臺

五樓展覽廳有一座露天雕塑庭園，前方連接
著一片長形的觀景平臺，由此可欣賞到從龐
畢度廣場一路延伸至塞納河畔艾菲爾鐵塔、
甚至北郊蒙馬特的景觀，離開前不妨在此找
找那些隱藏於建築間的古蹟。

顛覆的精神
泰特現代美術館 Tate Modern

　　巴黎龐畢度中心總讓我想起倫敦泰特現代美術館，反之亦然，一來因為它們分別扮演著這兩座歐洲大城最重要的當代藝術指標，館藏專注於 1900 年至今的作品；再則是它們的建築，一座蓋得像工廠，另一座則直接選用了工廠。或許現代藝術就必須具備叛逆的精神，因此它們決定「語不驚人死不休」，就讓人們談論個夠吧！一切先從建築開始。

　　泰晤士河南岸聳立著一棟規模龐大的建築，長約 200 公尺，除了中央那根高達 99 公尺的煙囪外，外觀上幾乎不見其他線條起伏，相當「工整」。它是昔日的燃油發電廠，河畔發電廠（Bankside Power Station），因 1947 年倫敦缺電，後決議由利物浦大教堂（Liverpool Cathedral）設計師史考特爵士（Sir Giles Gilbert Scott）操刀，取代 1891 年即聳立於此、規模較小且產生更多汙染的燃煤發電廠。

　　打從 1952 年落成至今，它就與對岸聖保羅大教堂遙遙相望，呆板僵直的煙囪對比著在空中劃出優雅線條的圓頂，不時冒出的濃濃灰煙對應著終年高居塔頂的金色十字架，河畔發電廠大概從來沒有想過，有一天它也能備受世人矚目，和聖保羅大教堂並列倫敦最受歡迎的地標之一！

　　「上帝關上門，必定會開扇窗。」面對著那位「外邦使徒」聖保羅多年，發電廠或許多少也參透了些天意。1981 年歇業後，這個地點一度沉寂了大約十年的光景，不過 1992 年泰特藝廊（Tate Gallery）意欲為旗下收藏的現代藝術品找個新家時，竟將目光放在它的身上。原本，泰特藝廊希望在此興建一座嶄新的建築，然而設計比圖中出線的瑞士建築師赫爾佐格（Jacques Herzog）和德・梅隆（Pierre de Meuron）卻打破構想，改以成排大片落地玻璃，照亮上百萬塊紅磚打造而成的龐大建築內部，以最單純的設計活化這棟二十世紀的老工廠，原汁原味的褐灰色牆壁、鋼鐵大梁和混凝土地板，全成了無聲突顯、不帶矯飾的藝術品布景。

　　至於泰特藝廊又是何許「人」也？追本溯源，它最初是一批由十九世紀糖業商賈亨利・泰特（Henry Tate）捐贈給國家藝廊的藝品。一直以來，泰特都希望能夠成立一個專門收藏英國藝術品的獨立藝廊，並不斷捐助資金以求實現，經過長期溝通，國家藝廊最後決定在泰晤士河北岸 Millbank 另覓地點，於 1897 年時開幕，正式名稱為大英藝術國家

空間寬敞到讓人忍不住想要奔跑的　　「詩與夢」以畢卡索、達利和米羅等超現實主義畫作展現變形主題
渦輪廳

藝廊（National Gallery of British Art），也就是一般人口中的泰特藝廊。隨著館藏不斷增加，泰特藝廊的規模越見廣大，繼 1988 年和 1993 年在英國另外兩座城市成立泰特利物浦美術館（Tate Liverpool）和泰特聖艾夫斯美術館（Tate St Ives）後，泰特藝廊在新的千禧年到來之時為倫敦送上一份大禮：「現代藝術之家」泰特現代美術館，至於最早的那間泰特藝廊，如今則稱為泰特英國美術館（Tate Britain）。

　　首次看見泰特現代美術館的人，一定會不自覺的發出「哇」的聲音，除了因前方千禧橋朝聖保羅大教堂延伸的特殊景觀外，也因為被當成入口使用的渦輪廳（Turbine Hall），隨著步道緩緩下行，極度寬敞且挑高數層的空間是大都會中罕見的「奢華」，大量陽光從天棚玻璃透射下來，照亮了室內和四周巨大的鋼梁，小朋友總忍不住把斜坡和大廳當成他們的遊樂場，四處跑來跑去。

　　展覽廳位於一樓（Levels 0）和五樓（Levels 4）間，不以年代或藝術家而以主題區隔，展現無意識和作夢潛能的「詩與夢」（Poetry and Dream），以超過 70 件畫作和雕塑勾勒超現實主義，畢卡索《紅扶手椅中的裸女》（Nude Woman in a Red Armchair）和《哭泣的女人》（Weeping Woman）、達利《變形的納西瑟斯》（Metamorphosis of Narcissus）和《秋天的同類相殘》（Autumnal Cannibalism），以及培根（Francis Bacon）《1981 年

聖法爾著名的《射擊畫》

梅莎潔造型獨特的《長矛》

Giuseppe Penone 的《12 公尺高的樹》（Tree of 12 Metres）也屬於貧窮藝術一員

11 月至 1982 年 1 月的三連畫【左圖】》（Triptych November 1981 - January 1982【left panel】）都收藏其中。

　　「能量與進程」（Energy and Process）則聚焦於 1960 至 1970 年代的義大利激進藝術運動「貧窮藝術」（Arte Povera），及與此相關的國際潮流。1967 年，義大利藝術評論家切蘭（Germano Celant）提出將日常生活中常見，或會隨著時間改變、腐爛的物質，例如樹枝、金屬、玻璃、石頭、細沙、木炭、織品，甚至蔬果和穀物當成創作素材，讓平凡的東西創造嶄新藝術型態，有限材質表現無限概念。以射擊藝術聞名的聖法爾（Niki de Saint Phalle）《射擊畫》（Shooting Picture）、封塔那割破帆布的《空間概念「等待」》（Spatial Concept 'Waiting'），以及經常以紙張、織品、彩色鉛筆、洋娃娃、玻璃等物展現政治和殘酷世界、另類想法的梅莎潔（Annette Messager）《長矛》（The Pikes），都能一窺貧窮藝術的面貌。

　　二十世紀早期的抽象藝術發展，包括立體派、幾何抽象（Geometric Abstration）和極簡派（Minimalism）等，則歸於「結構與清晰」（Structure and Clarity）展區，其中除畫作和雕塑外，也展示照片和影片等攝影藝術。布拉克《瓶子與魚》（Georges Braque）、畢卡索《坐著的裸女》（Seated Nude）和康丁斯基《搖擺》（Swinging），紛紛解構人與物。

「結構與清晰」說的是包括立體派和幾何抽象在內的藝術發展

這裡還有一個展覽室，陳列備受爭議的美國攝影師梅普爾索普（Robert Mapplethorpe）替多位藝術家拍攝的照片，抽象表現藝術大師庫寧（Willem de Kooning）、普普藝術開創者之一的安迪‧沃荷（Andy Warhol）、塗鴉藝術家 Keith Haring、美國歌手「龐克教母」帕蒂‧史密斯（Patti Smith）等名人以及他本人，都在此留下黑白記憶。

　　二次大戰後，藝術家改變他們表達抽象概念的方式，甚至將人類形象摻進戰爭或暴力中，產生了「變形視覺」（Transformed Visions），特別是出生於俄羅斯猶太家庭、擔心被當地混亂政局和反猶太聲浪波及，因而移居美國的戰後藝術家羅斯科（Mark Rothko）的作品。1958 年，羅斯科受西格拉姆企業（Seagram）的委託，替四季餐廳（Four Seasons Restaurant）繪製七幅裝飾巨畫，沒想到靈感源源不絕，最後總共創作出多達 30 件、統稱為「西格拉姆壁畫」（the Seagram Murals）的系列作品，他將其中九件捐給泰特現代美術館，也就是今日我們看到的《Black on Maroon》和《Red on Maroon》。

　　「Maroon」有著「孤力無援之人」的意思，羅斯科說他當時腦海浮現的，是義大利佛羅倫斯勞倫斯圖書館（Laurentian Library）前廳封死的窗戶產生的沉重感，除了窗戶什麼也看不見，深受壓迫的人處於一種隱藏的暴力之中，「一種即將爆炸的寧靜」。然而也不是所有的作品都如此抑鬱，至少莫內《睡蓮》（Water-Lilies after 1916）、透納

將藝術家受戰爭、暴力等壓迫心情揮灑而成的作品收　波洛克的《黃色島嶼》
集在「變形視覺」中

《接近海岸的遊艇》（Yacht Approaching the Coast）和康丁斯基《史塔柏格湖》（Lake
Starnberg）不是；那波洛克《黃色島嶼》（Yellow Islands）呢？就見仁見智了。

泰特現代美術館
交通：地鐵 Jubilee 線 Southwark 站，或地鐵 District 和 Circle 線 Blackfriars 站
地址：Bankside, London SE1 9TG
電話：+44（0）20 7887 8888
時間：周日至周四 10:00~18:00，周五六 10:00~22:00。公休 12/24~12/26
門票：永久展免費
網址：www.tate.org.uk

餐廳和咖啡吧

泰特現代美術館的餐廳也非常有名，位於七樓（Level
6）的它擁有平視聖保羅大教堂圓頂的絕佳視野，如
果預算沒有那麼多，四樓（Level 3）的 Expresso Bar
一樣能讓你眺望大教堂和千禧橋，端杯飲料到露臺賞
景，暫時放空一下吧！

博覽會餘韻
夏佑宮　Palais de Chaillot

十九世紀中到二十世紀中，歐洲各國盛行舉辦萬國博覽會（Exposition Internationale），「光輝之城」巴黎自然也不落人後。這不但是一場能夠充分展現國力的盛事，同時也是改造城市面容的絕佳機會，許多巴黎今日為人稱頌的建築，如艾菲爾鐵塔、大皇宮、戰神廣場等，其實都是博覽會的產物，位於河右岸小丘上的夏佑宮也是其一。

擁有市區內俯瞰塞納河的絕佳地理位置，使得夏佑宮所在的這片區域自古就深受王室喜愛，亨利二世的王后凱薩琳・梅迪奇（Catherine de Médicis）命人在此興建一座靈感來自古代別墅的府邸，拿破崙決定替他的兒子興建一棟羅馬國王的宮殿；1867 年時，夏佑丘（Colline de Chaillot）為了河左岸舉辦的萬國博覽會進行整地、開挖地基等土方工程，整平後的土地成為一處提供俯瞰戰神廣場全景視野的平臺，也為日後面貌奠基。

不甘只是供人散步賞景的配角，夏佑丘到了 1878 年的萬國博覽會以一座新拜占庭風格的投卡德侯宮（Palais du Trocadéro）成為人們矚目的焦點，而後它更見證 1889 年和 1900 年的萬國博覽會，看著對岸從平坦的戰神廣場，到攫住眾人目光的艾菲爾鐵塔出現。坐落著節慶廳（Salle de Fêtes）的建築主體呈半圓形，這處足以容納 5,000 人欣賞表演的場所，是迦尼葉歌劇院（Opéra Garnier，P132）的兩倍大，穿過一道罩著玻璃的通道後，即可來到上方裝飾著圓頂，並以當時相當先進的建築技術，開鑿九扇玻璃門窗直接將光線引進舞臺所打造的空間。節慶廳兩旁各伴隨著一座高度超過 80 公尺的方塔，並向兩側延伸一道半圓弧形側翼，拉出投卡德侯宮長達 430 公尺的立面。

今日的夏佑宮出現於 1937 年那場名為「摩登生活應用藝術和技術」的萬國博覽會（Exposition Internationale des « Arts et des Techniques appliqués à la Vie moderne»），儘管同樣採用半圓弧形側翼、玻璃牆和柱廊，建築師卡魯（Jacques Carlu）、波瓦洛（Louis-Hippolyte Boileau）和阿澤瑪（Léon Azéma）卻只保留了投卡德侯宮的骨架精髓，其餘皆以新古典主義建築取代。少了主建築從中連接，長各 195 公尺的兩翼成為獨立且擁有展覽廳的空間，牆面上刻著法國詩人瓦樂希（Paul Valéry）的作品，並在比過去大約 1.5 倍、占地 41,000 平方公尺的土地上，新增一座長 125 公尺、寬 60 公尺的瞭望平臺，也就是今日最適合欣賞艾菲爾鐵塔的地點！

模塑展覽廳蒐集了法國各地知名教堂的建築模型和部分雕刻，其中最常出現的裝飾主題為《最後審判》

　　隨著博覽會結束後，夏佑宮被賦予全新身分，除了是國際大會的場所外，大部分時間這裡都是博物館，如果你是航海迷或模型迷，位於帕西翼（Aile Passy）的國立海事博物館（Musée National de la Marine）絕對值得好好參觀；若是遊客或古蹟、建築迷，就不要錯過位於巴黎翼（Aile Paris）的建築與遺產城（Cité de l'Architecture et du Patrimoine），從法國古蹟博物館（Musée des Monuments Français）演變而來，除了涵蓋年代從中世紀至今外，更將疆土延伸至海外。內分為三座展覽廳，一樓（rez-de-chaussée）的模塑展覽廳（Galerie des Moulages）帶領參觀者進行一趟十二至十八世紀的法國遺產之旅，大量建築模型和雕刻展現人類藝術的技巧演進和各地特色，以經常出現於教堂大門的浮雕《最後審判》（le Jugement Dernier）來說，就有多種詮釋方式，Autun 建於十二世紀的聖拉札大教堂（Cathédrale St-Lazare），甚至帶點東方、詭異的風格。

在當代建築展覽廳中可以看見許多影響至今的建築案例，此圖為二十世紀下半葉布魯塞爾國際博覽會中的法國館模型

　　三樓（2ème étage）的現代與當代建築展覽廳（Galerie d'Architecture Moderne et Contemporaine），陳列 1851 年至今影響建築發展的世界知名案例，除了以模型展示外，還提供照片、影片、書籍、原始文件等相關資料輔助，你甚至能走進柯比意（Le Corbusier）1947 至 1952 年間設計的馬賽公寓（Unité d'Habitation de Marseille）樣品屋。一道階梯通往最上層的彩繪圓頂和壁畫展覽廳（Galerie des Peintures Murales et des Vitraux），十一至十六世紀最具代表性的禮拜堂、半圓形殿和地下墓室全複製至此，最引人注目的要屬十四世紀卡奧爾（Cahors）興建的聖埃蒂安大教堂（Cathédrale Saint-Etienne）西穹頂，讓你幾乎忘記自己置身於現代巴黎！

INFO

建築與遺產城（夏佑宮）

交通：地鐵 6 和 9 線 Champ de Mars - Tour Eiffel 站
地址：Palais de Chaillot, 75016 Paris
電話：+33（0）1 58 51 52 00
時間：周三至周一 11:00~19:00，周四延長開放至 21:00。公休周二、1/1、5/1、12/25
門票：全票€ 8，優待票€ 6
網址：www.citechaillot.fr

1&2 彩繪著上帝、大衛王和先知等人物壁畫的卡爾奧聖埃蒂安大教堂西穹頂
3&5 勃艮地地區歐塞爾（Auxerre）聖埃蒂安大教堂（Cathédrale Saint-Étienne）附屬禮拜堂的地下墓穴
4 彩繪圓頂和壁畫展覽廳中展出十二至十六世紀最具代表性的禮拜堂和地下墓室等複製品

拍攝艾菲爾鐵塔的隱藏版地點

你當然可以和所有人一樣站在夏佑宮
的觀景平臺拍攝艾菲爾鐵塔，但是如
果你前往建築與遺產城參觀，一定要
到現代與當代建築展覽廳拍張以投卡
德侯花園（Jardins du Trocadéro）為前
景的鐵塔照，因為地勢更高，景觀絕
對比單調的馬路來得迷人。

博覽會餘韻
維多利亞和亞伯特博物館
Victoria and Albert Museum

雖然巴黎曾舉辦過多場萬國博覽會，不過說到首度登場的萬國博覽會，可是倫敦 1851 年的萬國工業博覽會（Great Exhibition of the Works of Industry of all Nations）。當時，英國正因工業革命的洗禮誕生了傲視全球的技術，若不藉由這項展現英國輝煌成果的盛事，向鄰近「不文明」的國家炫耀一番，又怎麼能證明「日不落帝國」的強大呢！

你或許聽說過，倫敦海德公園（Hyde Park）裡曾經坐落著一棟水晶宮（the Crystal Palace），由帕克斯頓爵士（Sir Joseph Paxton）設計，靈感來自玻璃溫室的大膽建築，以鑄鐵撐起長 564 公尺、寬 138 公尺的建築骨架，其餘部分全覆蓋上玻璃，可想而知每當陽光照射時，產生的萬千光芒讓它有了這麼個如夢似幻的名稱。先撇開它是否「宮」如其名，這座 1851 年萬國工業博覽會的主要展覽場寫下不少英國人的驕傲，像是只以短短 9 個月的時間落成、以大量裝飾室內的植物說明人定勝天等。不過不幸的是，1936 年的一場大火讓它燒毀殆盡，如今只能透過畫作或模型一窺面目。

這場慶祝大英帝國現代工業技術與工藝設計豐功偉業的活動，由維多利亞女王的丈夫亞伯特親王（Prince Albert），協同策畫多場商業活動和教育創舉的柯爾（Henry Cole）一同籌畫，由於成果卓越，超過 620 萬人次的來訪數帶來大量收益，挾著口碑與好評，隔年便利用這筆盈餘成立了維多利亞和亞伯特博物館（簡稱 V & A）的前身，工藝品博物館（Museum of Manufactures），以對比「學院派」大英博物館和「精緻藝術」國家藝廊的館藏，展示與工業、裝置和應用藝術相關的製品，柯爾也成為首任館長的不二人選。

不斷擴充的展品，讓它搬了幾次家：1857 年時以南肯辛頓博物館（South Kensington Museum）的名稱入住今日所在地，和國家藝廊一樣，為了讓勞工階級下班後也能前往欣賞，博物館延長開放時間，甚至成為全世界首座提供煤氣燈照明的博物館。雖然是維多利亞女王替南肯辛頓博物館揭幕，但一直要到 1899 年入口左側的韋伯樓（Aston Webb Building）舉辦奠基儀式時，才正式冠上這兩位統治者之名。今日的 V & A 博物館占地 12.5 公頃，擁有 145 個展覽廳和超過 200 萬件館藏，成為英國人最喜愛的文化機構之一。

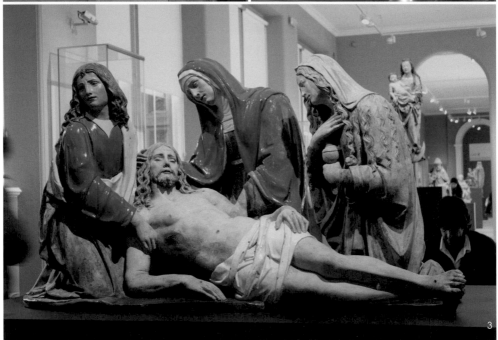

1&3 占據一整層樓的雕塑廳經常可見學生在此臨摹　　2 造型奇特的吊燈在正門口大廳歡迎眾人

祭壇畫和彩繪玻璃營造出教堂的格局，挑高樓層壁面高掛的雕像產生戲劇性效果

　　因為起源自萬國博覽會，這裡的藏品也充滿世界一家的精神，除了收藏文物的歷史超過 5,000 年，範圍以歐洲為核心外，更遍及中國、日本、南亞和中東伊斯蘭世界，時間與地域的疆界在博物館中顯得次要，分門別類的主要依據反而是物件的性質：建築、瓷器、家具、珠寶、雕刻、繪畫、金屬製品、書籍、織品等，其中最受歡迎的要屬編號 40 的時尚展覽室（Fashion Gallery），1750 年代至今的歐洲服飾、織品與配件，從宮廷服飾到知名設計師的訂製服，提供一場穿越兩個半世紀的時裝秀。

　　展覽室多達 25 間的英國展覽室（British Galleries），由編號 52 至 58、118、120 至 123 和 125 的廳房組成，將 1500 至 1900 年間大英帝國各種面向的藝術和設計展現於眾人眼前，絲織品與茶具、洛可可風格的瓷器、巴洛克風格的金屬工藝、首任梅維爾伯爵（George Melville）的床、十六世紀的雪爾登掛毯（Sheldon Tapestries）、十七世紀時與亞洲貿易而來的漆器家具等，以及好幾個從歷史建築中取得、仔細復原的實景房間，包括 1722 年、第二任牛津伯爵位於亨利葉塔廣場（Henrietta Place）上的宅邸，那美輪美奐的會客廳。

　　幾乎占一樓一整層面積的雕塑廳（Sculpture Hall），容納將近 22,000 件橫跨四至

1 洋溢伊斯蘭風情的建築遺跡　　　　　2 十六世紀產自德國科隆的人形水罐
3 雕刻精細的隨身宗教物品　　　　　　4 融合金銀工藝的玻璃瓶

1600~1700 年間描繪野餐場景的伊朗瓷磚畫　　　　　　　　色彩繽紛的玻璃瓶充滿童趣

十九世紀的歐洲雕刻作品，收藏全世界最豐富的後古典主義雕刻，也是義大利本土外收藏最多文藝復興雕塑的地方，因此總吸引無數學生或藝術家前來素描。中國、日本和伊斯蘭展覽廳也是 V & A 博物館引以為傲的收藏，若時間不夠，不妨以在臺灣比較難接觸到的伊斯蘭工藝品為主，欣賞幾何圖案和花草圖形創造出的美麗視覺。

INFO

維多利亞與亞伯特博物館

交通：地鐵 Piccadilly、Circle 和 District 線 South Kensington 站
地址：V&A South Kensington, Cromwell Road, London SW7 2RL
電話：+44（0）20 7942 2000
時間：每日 10:00~17:45，周五延長開放至 22:00。公休 12/24~12/26
門票：免費
網址：www.vam.ac.uk

流動的詩意
迦尼葉歌劇院　Palais Garnier

　　參觀完迦尼葉歌劇院後，法國知名偵探小說家勒胡於 1910 年寫下驚悚愛情故事《歌劇魅影》，這部小說不但多次翻拍成電影，更因 1986 年安德魯．洛伊．韋伯的改編，成為當今最熱門且歷久不衰的音樂劇之一。不過如果沒有親身拜訪，很難想像激發勒胡安排魅影生活的地下世界靈感，居然來自一座極其精緻但迷你的水池。

　　坐落於巴黎的市中心數條街道穿行交錯的廣場上，迦尼葉歌劇院展現了新古典主義流派布雜藝術的華麗。它是奧斯曼男爵現代都市規劃藍圖中的要角，1858 年時由拿破崙三世欽點興建，好讓打從路易十四時期開始就深受王室熱愛的音樂與舞蹈等藝文活動，能有一處公開演出的絕佳場所。不同的是，太陽王的劇院以木頭興建，到了迦尼葉（Charles Garnier）設計的第十三座巴黎歌劇院時，已是用鋼筋、石塊和大理石，堆砌出長 173 公尺、（最）寬 125 公尺、面積廣達 11,237 平方公尺的宏偉殿堂，無論從哪一面看，恢弘氣勢都令人嘆為觀止。

　　迦尼葉歌劇院興建於 1861 至 1875 年間，耗時 14 年，不僅因工程龐大，也因歷經 1870 年普法戰爭及隔年巴黎公社動亂等因素而間有停工。它落成之初以所在大道命名為卡布辛廳（Salle des Capucines），不過人們總習慣稱呼它為迦尼葉歌劇院（Opéra Garnier），而非正式名稱巴黎歌劇院（Opéra de Paris），特別是 1989 年誕生巴士底歌劇院（Opéra Bastille）後，所謂的「巴黎歌劇院」增為兩間。

　　迦尼葉為歌劇院雀屏中選時，還是位名不見經傳的 35 歲建築師，他在初賽中打敗了其他 170 位入選者，並在複賽中引述十六世紀義大利詩人塔索（Torquato Tasso）的格言：「渴求更多，希冀更少。」（Bramo assai, poco spero）詮釋他的設計，歷經過關斬將最終摘下桂冠。迦尼葉以多重色彩的大理石精心打造帶狀裝飾和圓柱，並以取材自希臘神話的神祇雕像，揮霍得裝飾著各個角落，金碧輝煌的馬賽克鑲嵌、色彩繽紛的天棚壁畫、造型華麗的水晶吊燈、豔紅如火的地毯和布幔等，誕生了迥異於過去風格的歌劇院。

　　然而這一切卻沒有替這位建築師在當時贏得太多的掌聲，據說拿破崙三世的皇后歐仁妮（Eugénie）曾說：「這是什麼？甚至稱不上一種風格。」有一說是因為她鍾愛的建

從地鐵站一出來，就能看見迦尼葉歌劇院驚人的美麗外觀

歌劇院四周身姿曼妙的青銅女子雕像，高舉著一盞盞的路燈

築師，修護巴黎聖母院的維奧萊・勒・杜克（Eugène Emmanuel Viollet-le-Duc）未入選，迦尼葉則答以：「夫人，這就是拿破崙三世風格。」因為他認為模仿別人太無聊了，於是以這個歌劇院向世人開啟一個嶄新的年代。

　　一出歌劇院地鐵站就能看見迦尼葉歌劇院高達三層的主立面，由下往上分層為擬人化的詩歌、音樂、舞蹈和戲劇，羅西尼（Rossini）、貝多芬和莫札特在內的作曲家，以及建築與工業、拿破崙三世和歐仁妮縮寫淺浮雕、繪畫與雕刻。至於最上層的兩尊鍍金銅像則為《和聲》與《詩詞》，它們伴隨著踩在舞臺上方青銅圓頂的阿波羅雕像。參觀歌劇院的入口位於西側的皇帝閣（Pavillon de l'Empereur），這裡有一條弧形斜坡環抱著迦尼葉的雕像，1858 年時因奧西尼（Orsini）試圖在歌劇院外刺殺拿破崙三世，於是迦尼葉替他設計了能搭乘馬車直接通往皇室包廂的通道。

　　歌劇院主要分為三層，沿著參觀動線最先引人注目的自然是大階梯（Grand Esvalier），在登上階梯之前先看看下方的皮媞亞噴泉（Fontaine de la Pythia），據說當初迦尼葉看到這尊漂亮的古希臘阿波羅女祭司雕像後，就決心替她打造一個美輪美奐的家，也是這座噴泉引發勒胡的創意泉源。迴旋狀的大階梯通往不同樓層的觀眾席與休息室，

1 迴旋狀的大階梯，無論哪個角落都美得讓人捨不得眨眼　2 讓勒胡寫下《歌劇魅影》小說的皮媞亞噴泉

半圓形的冰廳為空間引進更多光線

儘管已經非常金碧輝煌，前休息室
卻還只是大休息室的「前奏」而已

　　昔日社交名媛便是踩著一階階彩色大理石的階梯，在青銅女子雕像手捧火炬的照明下，欣賞天棚上展現不同寓意的繽紛壁畫，而這裡當然也是看人與被看的地方。

　　三樓（2ème Etage）大部分的空間都是休息室，位於西側的圓形建築冰廳（Salon du Glacier），過去用來供應香檳、汽水、咖啡或茶等飲料，在 Clairin 繪製的天棚壁畫下方排列著半身雕像與掛毯。長廊通往大階梯後方的前休息室（Avant-Foyer）和大休息室（Grand Foyer），是觀眾開演前和中場休息時散步的地方，迦尼葉請來威尼斯藝術家裝飾前休息室，仔細看，每個帶狀裝飾都選擇不同顏色，柱石上方的鳥兒染上耀眼的色彩，天棚四座轉角的馬賽克鑲嵌展現著紅寶石、紫水晶和黃玉等貴重珠寶，也因此前休息室又被稱為珠寶廳（Salons des Bijoux）。它兩側的小圓廳分別為裝飾飛龍與蠑螈、金黑色調的太陽廳（Rotonde du Soleil），以及點綴著貓頭鷹與蝙蝠、金銀色調的月亮廳（Rotonde de la Lune）。

　　如果前休息室已令人驚豔，那麼光燦奪目的大休息室恐怕只有「不知所措」可以形容，站在這處沒有一寸空白的空間裡，幾乎不知該將眼神聚焦於何處！極其挑高的天棚彩繪著出自十九世紀第二共和時期，知名學院派畫家波德伊（Paul Baudry）之手的神話

足以媲美凡爾賽宮鏡廳的大休息室令人流連不已

場景，它們代表了音樂史上無數重要的時刻，畫與畫間以不同的繆思女神象徵各種藝術創意，最常出現的裝飾元素是古希臘豎琴，無論是窗框、門把或柱頭都能發現蹤跡。由於緊鄰涼廊（Loggia），伴隨著大片落地玻璃和對立的巨幅鏡子，大休息室在高掛的枝狀吊燈和女子頭像造型立燈的照射下，顯得異常明亮，氣勢一點都不輸凡爾賽宮鏡廳。

表演廳（Salle de Spectacle）是歌劇院中的明星，在這座所謂「義大利式」的馬蹄形空間裡，觸目所及均是貴氣十足的紅、金兩色，舞臺前方是可容納 100 名樂師的樂隊席（Fosse d'Orchestre），上方的樓廳區（Balcon）、高達五層的包廂區（Loge）和最上層的頂層樓座（Poulailler）共可容納 1,979 名觀眾。從中垂掛的吊燈重達 8 公噸，由 400 枝燈光組成，頂棚原本的壁畫《日夜之時》（les Heures du Jour et de la Nuit）於 1962 年時被夏卡爾的作品取代，歌劇院、艾菲爾鐵塔、凱旋門等巴黎知名建築躍於上，帶著花束、劇院和芭蕾舞場景的音樂天使飛舞其中。

參觀那天，因舞團正在設計燈光，表演廳的燈幾乎關得一片漆黑，所幸四處轉轉後已重新點燈，原以為欣賞過表演廳的富麗堂皇和夏卡爾鮮豔明亮的壁畫後就能滿足，沒想到反而讓我做出另一個決定：下次來巴黎，一定要到迦尼葉歌劇院看場芭蕾舞劇！

1&2 美輪美奐的表演廳座位席和出自夏卡爾之手的頂棚壁畫
3&4 參觀行程在歌劇院的正門畫下句點，一道道拱門旁裝飾著作曲家的雕像

迦尼葉歌劇院

交通：地鐵 3、7 和 8 線 Opéra 站
地址：Angle rues Scribe et Auber, 75009 Paris
電話：+33（0）892 89 90 90
時間：10:00~17:00，7月中至 8 月底延長開放至 18:00，遇演出日提前於 13:00 關閉。公休周二、
　　　1/1、5/1 和特殊表演日期
門票：參觀全票€ 10，優待票€ 6
網址：visitepalaisgarnier.fr

裝飾於歌劇院正面外觀的《音樂》雕像

西側皇帝閣入口前有一尊迦尼葉的青銅像

正面的《舞蹈》雕像風格大膽一度引發議論

幕後功臣排排站

Do you know......

迦尼葉歌劇院捧紅了建築師，但參與工程的人們同樣功不可沒，在前休息室的拱廊上，可以看見所有參與者的雕像，他們的手中各自握著貢獻的物品與技術；大休息室裡的金色拱廊上方，則是迦尼葉夫婦對望的半身雕像。

魅影專屬包廂

Check it out

儘管《歌劇魅影》是個虛擬的故事，不過迦尼葉歌劇院還是為魅影保留了 5 號包廂，透過門口的小圓窗看看有何發現吧！

流動的詩意
莎士比亞環球劇院 Shakespeare's Globe Theatre

　　不同於今日洋溢著藝文氣息，倫敦南岸區在十九世紀以前一直是處聲名狼藉的地方，它是近郊的娛樂重鎮，聚集大量酒吧和聲色場所。如果再把時間往前推二至三個世紀，在成片凌亂的房舍間還錯落著大大小小的劇院：玫瑰（Rose）、天鵝（Swan）和環球（Globe）……這些造型或圓或八角的露天建築，都是伊莉莎白時代大名鼎鼎的劇場，也罕見的成為貴族與平民的共處之地。

　　伊莉莎白一世統治的十六世紀中到十七世紀初是英國黃金時期，她在國內激發起民族自尊心，海外大敗西班牙無敵艦隊，更因為莎士比亞（William Shakespeare）和馬羅（Christopher Marlowe）等劇作家和詩人，以及范·艾克和西利雅德（Nicholas Hilliard）等畫家人才輩出，讓英國文化就此茁壯成熟。

　　伊莉莎白本身熱愛藝文，不但鍾情戲劇也從事翻譯與寫作，而被譽為「英國文學史上最傑出的劇作家」的莎士比亞恭逢其盛，這位來自亞芳河畔史特拉福（Stratford-upon-Avon）的商人之子，大約在 1590 年代來到倫敦，展開他長達 20 年左右的演員和劇作家生涯，其所屬的宮務大臣劇團（Lord Chamberlain's Men）後來成為倫敦最主要的劇團之一，合夥人不但在泰晤士河畔興建自己的劇院「環球劇院」，更在 1603 年時獲得伊莉莎白一世的繼任者詹姆斯一世（James I）的贊助，並授予劇團皇家標誌，於是，「宮務大臣」搖身一變成了「國王」劇團（King's Men）。

　　縱然環球劇院聲名鵲起，但並非一枝獨秀，在那個劇場業蓬勃發展的輝煌年代，許多劇院如雨後春筍般出現在南岸區，不過就在前景一片看好的情況下，卻因克倫威爾（Oliver Cromwell）和清教徒認為戲劇腐化人心，於是 1640 年代左右，一間間劇院被迫關門大吉，掩埋在其他建築的地基之下。有趣的是，莎士比亞精神不死，1949 年時美國演員兼編劇沃納梅克（Sam Wanamaker）在旅遊倫敦的途中，於南岸某間釀酒廠的牆上發現一塊來自環球劇院的飾板，於是在歷經 20 年的考證與奔走，莎士比亞環球劇院終於在 1997 年時重返世人眼前。

　　今日的環球劇院距離創立於 1599 年的原址偏移約 250 公尺，然而它並非宮務大臣劇團最初的舞臺，演員兼經理詹姆斯·波貝吉（James Burbage）於 1576 年時以木頭，在今日倫敦東北邊的肖爾迪奇（Shoreditch）打造劇院（the Theatre），後來他們將它的梁木

根據素描、模型和文獻等資料，以傳統建材重建的莎士比亞環球劇院

——拆下，重組於今日的南岸公園街（Park Street），莎士比亞也在這時成為環球劇院的股東之一。1613 年，劇院在演出《亨利八世》（Henry VIII）時，因舞臺上的大砲點燃茅草屋頂而付之一炬，儘管隔年重建，卻在 1642 年時歇業、兩年後改建成房舍，從此銷聲匿跡。

沃納梅克率先發現環球劇場的蛛絲馬跡，其確切位置於 1989 年時確認為一幢名為「錨屋」（Anchor Terrace）的房子，那曾是釀酒廠辦公室。地點或許可從遺跡考究而來，不過確切的環球劇院尺寸卻依舊難以確定，因此學者利用保留下來的模型、素描、雕刻和文獻，推算出它今日直徑約為 30 公尺、採三層開放式圓形劇場的模樣。為了完美呈現這件複製品，無論建材或工藝技術完全仿造伊莉莎白時期：以英國橡木打造骨架，木椿、榫眼和凸榫接合，塗抹石灰、沙子和山羊鬚混合而成的石膏，最後蓋上十七世紀倫敦大火後首座出現的茅草屋頂，為舞臺和座位區遮風避雨。

儘管上至達官貴人下抵販夫走卒都聚集在這四方天地間欣賞演出，但還是難抵階級區別，「顯赫」人士落坐於上方座位區的木頭長椅上，粗野的民眾則擠在舞臺下方的站立區。你或許會以為今日環球劇院的 1,000 個座位和 500 個站位已經相當飽和，但它所容納的人數卻只是從前的一半，因此當從上層的座位區往下望時，應該不難想像那片小中

樓高三層的座位區和圍繞著舞臺周邊的小中庭，過去共可容納多達 3,000 名觀眾

庭曾經多麼人聲鼎沸且臭氣沖天，為生活奔波、骯髒甚至油膩的中下階級，在辛苦的工作之餘以一便士的代價換取娛樂，他們邊嚼著榛果和橘子，邊灌下一口口的啤酒，時不時從口中發出吆喝和咒罵……，真實的人生赤裸裸的攤在「戲如人生」的舞臺前。

　　位於中央的舞臺略高於地面 1.5 公尺，以兩根漆成大理石外觀的木頭柱子從旁撐起後方屋頂，由於當時的戲劇表演都在白天演出，因此今日也以自然光的方式呈現。長寬各約 31 和 8 公尺的舞臺設計簡單，除當成演奏席的露臺外幾乎沒有多餘的布景，倒是在地板、後牆和稱為「天空」的大花板設有活門，供演員入場，此外地板和天花板的活門還分別是「地獄」和「天堂」的出口，冒出的可能是巫婆或魔鬼，或下凡的天神、天使。當你站在下方的站立區時，可以欣賞到點綴於天空上的星座圖。

　　參觀劇院內部需要跟隨導覽行程，在等待參訪梯次的同時可以先參觀下方展覽廳，它提供了伊莉莎白時期相關的劇場文化背景資料，包括後臺的服裝道具間和廚房、曾參與莎士比亞名劇演出的戲服，甚至一度鋪滿劇院觀眾席地面的榛果殼和酒器的殘片。此外還有大大小小的模型展現昔日的環球劇場，以及連同附近南華克（Southwark）十六至十七世紀的街景模樣，在當時，這個倫敦近郊區域，居然還舉辦過猛犬攻擊受困熊隻的殘忍活動。

附設於劇院內的展覽廳中陳列著曾參與莎翁名劇演出的戲服與道具

　　每年天氣暖和的 4 至 10 月間，莎士比亞環球劇院都會舉辦「戲劇季」（Theatre Season），除了《哈姆雷特》（Hamlet）、《李爾王》（King Lear）、《羅密歐與茱麗葉》（Romeo and Juliet）和《仲夏夜之夢》（A Midsummer Night's Dream）等經典莎翁名劇外，近年來也安排不少現代劇，其中包括來自海外的戲碼。由於環球劇院無論背景或設計皆屬獨特，再加上劇團演出生動、舞臺和觀眾間幾乎沒有隔閡而深受歡迎，因此戲劇季時經常是一票難求。

　　我的劇場導覽員透露了一則小故事：2013 年她欣賞《羅密歐與茱麗葉》時，演到茱麗葉看著假死的羅密歐打算殉情，一位觀眾席的小女孩突然大叫：「但是他沒有死啊！」全場頓時鴉雀無聲，只見扮演茱麗葉的演員臉不紅氣不喘的說：「即使如此，我還是要自殺。」接著把戲演完，展現高 EQ 臨場反應。

　　我沒有在環球劇院欣賞過莎翁名劇，倒是在臺北國家戲劇院看到遠渡重洋而來的莎士比亞環球劇院劇團演出的《仲夏夜之夢》，身著傳統服飾的演員以較現代的手法加以詮釋，讓我幾度笑到流淚。這下子，我又有了去倫敦和環球劇院的理由！

各式各樣的道具和模型，即使不是在藝術季時前來，多少還是能感受到莎翁戲劇的魅力

莎士比亞環球劇院

交通：地鐵 District 和 Circle 線 Blackfriars 或 Mansion House 站，或地鐵 Northern 和 Jubilee 線
　　　London Bridge 站，或地鐵 Jubilee 線 Southwark 站

地址：21 New Globe Walk, Bankside, London SE1 9DT

電話：+44（0）20 7902 1400

時間：展覽每日 9:00~17:30；劇院導覽藝術季期間周一 9:30~17:00，周二至周六 9:30~12:00，周
　　　日 9:30~11:30；藝術季以外時間每日 9:30~17:00，每半小時一梯次。公休 12/24~12/25

門票：展覽和劇院導覽全票 £13.5，優待票 £8~12

網址：www.shakespearesglobe.com

PART IV

巴黎往昔

歷史
足跡

WELCOME TO LONDON

倫敦記憶

銀鐺入獄
巴黎古監獄 Conciergerie

在西堤島的交易橋（Pont au Change）旁聳立著一棟造型猶如古堡的建築，三座圓塔的上方頂著灰藍色的尖頂，夾在一整排宏偉的立面間，這裡是巴黎的司法大廈（Palais de Justice），掌管公平與正義，然而在法國大革命期間，卻上演著殘酷的革命法庭戲碼，由羅伯斯庇爾（Robespierre）領導的雅各賓派（the Jacobins），在短短的一年間將 2,700 人押到這裡受審，每天被推上斷頭臺的人數多達數十人。

1793 至 1794 年的法國進入「恐怖統治」（la Terreur）時期，雅各賓派為了大權在握，不惜使出極權手段，一再收押反革命嫌疑犯，其中包括成千上百名貴族，最知名的要屬路易十六的王后瑪麗・安東尼，她被關在司法大廈的地下室，也就是巴黎古監獄。

這座監獄據說在法國大革命期間曾囚禁了 4,000 名人犯，是最惡名昭彰的監獄，不但因為生活條件極為惡劣，也因為這些政治立場啟人疑竇的嫌犯，在死刑和無罪的二擇一判決下，通常都成了刀下亡魂，也因此，古監獄有著「斷頭臺前廳」的別稱。不過諷刺的是，曾在革命法庭宣判過無數次死刑的羅伯斯庇爾，最後也被關進了古監獄，隨著歷經同樣刀起頭落的命運後，讓革命法庭跟著解散。

然而說起古監獄的出身，卻是早期法國國王興建於塞納河畔的西堤宮（Palais de la Cité）一部分，今日建築前身為十四世紀菲利浦四世（Philip IV）為顯示君權而打造的大廳（Grand Salle），建築一如其名，落成之時是歐洲最大的廳房之一，下層是餐廳「軍人大廳」（Salle dcs Gens d'Armes），足以供 2,000 名王室員工同時用餐。1358 年，查理五世將昔日的碉堡羅浮宮改建成王宮，並於十四世紀末遷居其中，這座空出來的宮殿於是成了法國議會等行政機關與官員的住所。後來，國王將這座宮殿包括司法權力和監獄管理交給一位「總管」（Conciergerie），這也是巴黎古監獄今日原文名稱的由來。從十九世紀波旁王朝復辟後展開它的監獄「人生」，古監獄要一直到 1912 年才卸下這個背負了超過半個世紀的身分，如今倒有不少遊客希望體驗一下黑獄風雲。

一走進入口便深入軍人大廳長 64 公尺、寬 27 公尺的長方形空間，一座座哥德式拱頂撐起高達 9 公尺的天棚，空間之寬敞，可以想像即使兩側牆壁共設有四座巨型壁爐，在寒冷的冬天也難以充分供暖，而昔日以層層窗洞引進室內的光線，恐怕也難將之照亮。十九世紀中司法大廈重建，菲利浦四世打造的宏偉「大廳」已不復見，只剩下一座螺旋梯，

宏偉的軍人大廳令人印象深刻

通往昔日菲利浦四世大廳的螺旋梯

記載著它原本通往的地方。

　　軍人大廳後方有一座高起的平臺，原本也屬於大廳一部分，十五世紀時因墊高而獨立出來。位於右側的衛兵大廳（Salle des Gardes）曾是謁見廳，國王的豪華寢宮就位於上層，不知是否看中它昔日扮演最高法院會議的背景，雅各賓派也把他們的革命法庭設於此地，只不過物換星移，曾有的激昂辯論都已飄散，只剩下柱頭上彼此相倚的苦命戀人阿伯拉爾（Pierre Abélard）和哀綠綺思（Héloïse d'Argenteuil），注視著下方的芸芸眾生。

　　商店後方延伸著一條走廊，是過去囚犯放風的地方，身為關押犯人主管的法院書記官就坐在陰暗狹小的辦公室中，記錄著他們生活的點滴。上樓之後，有一間刻滿恐怖統治時期囚犯名單的小房，走廊上延伸著不同階級的單人囚室，如只能睡在草堆上的「草堆漢」、支付點費用換取床鋪的「皮斯托爾人」，以及擁有桌椅等簡單家具的「名流」。接續後方的廳室，則陳列與古監獄歷史相關的文件、史料和文物。

　　順著階梯下樓，有一座以國王禮拜堂改設的吉倫特派（Girondins）小禮拜堂，吉倫特派由主張共和的資產階級組成，在1792年攻陷王宮並剝奪國王職權，隔年隨即被雅克賓派推翻，21位吉倫特派議員在1793年10月30日被推上斷頭臺前曾在此聚會。隔壁紀念瑪麗‧安東尼王后的小禮拜堂是她度過最後餘生的單人囚室，據說當時在沒有麵包吃

1 吉倫特派小禮堂

2 展出與古監獄相關文物的陳列室
3 貴為王后的瑪麗 · 安東尼，最後卻落為被人監看的命運

的情況下，她還吵著要吃蛋糕。但囚室目前重建於一旁，必須繞過女囚庭園才能抵達，曾經眾星拱月的王后，最後落得被兩名衛兵口夜監視的窘境。

巴黎古監獄

交通：地鐵 4 線 Cité 或 Saint-Michel 站，或地鐵 1、4、7、11 和 14 線 Châtelet 站，或 RER B、
　　　C 線 Saint-Michel - Notre-Dame 站
地址：2, Boulevard du Palais, 75001 Paris
電話：+33（0）1 53 40 60 80
時間：每日 9:30~18:00，公休 1/1、5/1、12/25
門票：全票 € 8.5，優待票 € 5.5；與聖禮拜堂合買套票全票 € 12.5，優待票 € 8.5
網址：conciergerie.monuments-nationaux.fr

銀鐺入獄
倫敦塔 Tower of London

> 　　説起聲名狼藉的監獄，倫敦塔絕對不落人後，就連巴黎古監獄都要拱手讓「獄」！創立之初原為王宮，倫敦塔卻在十六至十七世紀成為貴族的噩夢，多位王位繼承人入塔後神祕失蹤，更多皇親國戚以叛國罪入獄處死……，冤魂在塔中難以平靜，繪聲繪影的故事紛紛浮現，而其中名氣最響亮的，自然是將頭顱夾在腋下於塔內散步的王后安·博林（Anne Boleyn）！

　　歷經 1666 年大火的摧殘和二次大戰時德軍的瘋狂轟炸，讓倫敦這座城市數度幾乎面目全非，倖存下來的古蹟屈指可數：國宴廳（Banqueting House）、西敏寺（Westminster Abbay，P162）、聖殿教堂（Temple Church）……，其中倫敦塔不但興建於古羅馬要塞上，更因為隨時代發展不斷擴建的建築，幾乎濃縮英國王室動盪且殘酷的歷史，而有豐富的話題性與可看性，讓這座如今無人居住的「女王皇宮與堡壘」（Her Majesty's Royal Palace and Fortress），比白金漢宮（Buckingham Palace，P172）更具人氣。

　　其中，落成於十一世紀的白塔（White Tower）可說是目前倫敦倖存最古老的建築之一。1066 年，來自法國的「征服者威廉」（William the Conqueror）在黑斯廷斯戰役（Battle of Hastings）後成功入主英格蘭，為了向當地盎格魯·撒克遜人（the Anglo-Saxon）宣告他的新主地位，也為了確保他們這些外地統治階級免受當地居民攻擊，他在倫敦的泰晤士河畔興建起自己的王宮，也就是白塔。「征服者威廉」採用迥異於當地的建築風格，從法國運來大量的石頭取代當地傳統木頭建材，也因此，這座當時漆成白色而得名的塔樓才能躲過火災屹立至今。

　　和所有複合式建築一樣，倫敦塔在歷任國王的增建下逐漸朝四周擴張，十二至十三世紀時「獅心王理查」（Richard the Lionheart）和亨利三世（Henry III）在白塔的西、北、東三面修築壕溝和多座塔樓，衍生了比白塔所在的核心區還要大上一倍的城堡範圍，構成包括血腥塔（Bloody Tower）、燈塔（Lanthorn Tower）、鹽塔（Salt Tower）、寬箭頭塔（Broad Arrow）和馬汀塔（Martin Tower）在內的內區（Inner Ward），原本聳立於塔外的諾曼式鎖鏈聖彼得禮拜堂（St Peter ad Vincula）也囊括其中。1272 年登基的愛德華一世（Edward I），不但整建倫敦塔的城牆與塔樓，也再度擴建王宮規模，他在城堡最外圍修築了一道城牆以及一座位於西北方的碉堡，也形成了今日的外區（Outer Ward），聖

惡名昭彰的血腥塔和伴隨一旁的韋克菲爾德塔

血腥塔內一景

湯瑪斯塔（St Thomas Tower）取代血腥塔成為城堡新水門。自此，倫敦塔大致輪廓已然成型。

　　值得一提的是，不等王室遷居他處，倫敦塔打從 1100 年就扮演著監獄的角色，威廉二世（William II）的機要大臣 Ranulf Flambard 在他過世後，就被繼任者亨利一世以勒索財物的罪名收押，成為首位囚犯；一直到 1952 年，東倫敦大名鼎鼎的雙胞胎犯罪首腦克雷兄弟（Kray Twins）被移監後，倫敦塔才不再「收容」任何罪犯！有趣的是，明明當初建造的目的是王宮，它卻硬是當了 300 年的監獄，隨著最後一任入住的統治者詹姆斯一世的駕崩，也畫下了倫敦塔身為王宮的句點，之後陸續發揮軍械庫、鑄幣廠、國庫、堡壘等用途。

　　十六至十七世紀是倫敦塔的「監獄時期」，一班貴族聽到「送往倫敦塔」（Send to the Tower）就渾身發抖，字面輕描淡寫，背地裡說的是「下獄」。獄中名人不勝枚舉，多和亨利八世有關，包括拒絕參加亨利八世和第二任妻子安‧博林婚禮的大臣摩爾爵士（Sir Thomas More）、之後因無法產下王子而被指控通姦罪名的安‧博林、臨死前一晚還練習如何將頭放在砍頭架上的亨利八世第五任妻子凱薩琳‧霍華德（Catherine Howard）王后；其他還包括年僅 16 歲、只當 9 天女王的珍‧葛雷女士（Lady Jane

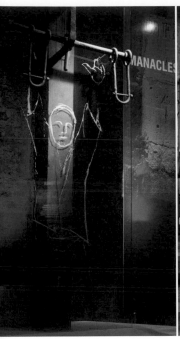

展出於韋克菲爾德塔內的酷刑器具　白塔如今成為展示盔甲和兵器的博物館

Grey）等，全在此因莫須有罪名丟了性命。伊莉莎白一世則是少數得以逃出的幸運兒，在她姐姐瑪麗一世統治時，曾在此度過一段朝不保夕的生活。

今日欲參觀倫敦塔要從西門進入，穿過融合諾曼、哥德和愛德華風格的中塔（Middle Tower）後，塔橋下面延伸的正是 1830 年抽乾的壕溝。最先出現的內區塔樓鐘塔（Bell Tower），就是摩爾爵士和伊莉莎白一世被囚禁的地方，然而名聲比不過血腥塔響亮，血腥塔因能俯瞰庭園，原名為庭園塔（Garden Tower），但在發生多起命案後，「血腥」之名不逕而走，其中最戲劇性是 1483 年時愛德華四世的兩個兒子，愛德華五世和約克公爵被登基為王的叔父理查三世送往此塔，從此下落不明。血腥塔旁的韋克菲爾德塔（Wakefield Tower），如今是酷刑展覽室，幾具將人肢解或吊掛的刑具不知就創造出多少冤獄？

沿著步道往白塔走，可看見幾隻渡鴉悠閒的草地上散步，傳說，只要這些渡鴉一日不飛走，英國就能千秋萬世永存，於是翅膀被迫修剪的渡鴉們，只有一隻稱為 Grog 的在 1981 年時「越獄」成功，只是不知道牠在這裡居住的 21 年間，花了多少時間計畫？

四角聳立小塔樓的白塔象徵倫敦塔的原點，無論是建築或今日的武器博物館都和亨利八世大有關係，撇開加以強化的屋頂，昔日的大廳與王后臥室都在他迎娶安‧博林時

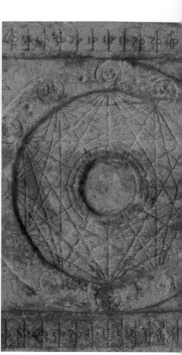

收藏著璀璨到讓人眼睛睜不開的王　曾關過無數囚犯的鹽塔和犯人在塔內牆上留下的鑿刻痕跡
室珍寶的珠寶館

　　大肆整修，如今塔內展示一系列他坐騎的盔甲，還有他為兒子愛德華六世打造的小盔甲，以及手槍、長矛、斧頭、箭弓等武器，甚至不同時期的錢幣。白塔後方的珠寶館（Waterloo Block）是倫敦塔最令人引頸期盼的地方，打從 1300 年至今，多位統治者的王冠、權杖、寶球等象徵王權的珠寶，均擺在防彈玻璃後向遊客展現魅力。任誰都會眼睛發亮的英女王十字權杖和帝國皇冠，上方最大的鑽石均來自 1905 年南非礦場發現的世界最大鑽石原石「非洲之星」（the Cullinan），分別重約 530 克拉和 317 克拉，如果自動步道速度太快來不及欣賞，那就再搭一次自動步道或選擇從後方的步行通道看個過癮。

　　珠寶館兩邊分別為鎖鏈聖彼得禮拜堂和步槍團博物館（Fusikkers' Museum），前者除跟隨導覽行程外，只在下午 4:30 開放，後者以徽章、制服、旗幟和戰利品介紹皇家步兵團的歷史。隱身於珠寶館和步槍團博物館之間的馬汀塔有處城牆步道（Wall Walks）的入口，馬汀塔是過去展示皇冠珠寶的地方，如今以鑽石和皇冠的方式，介紹王室頭飾的潮流及知名珠寶。經過鬧鬼最凶的角落鹽塔後，轉向面對泰晤士河的燈塔名稱來自塔頂為船隻引航的燈籠，沿途塔樓展示眾多中世紀文物，包括當時的武器、遊戲、錢幣、臥室、禮拜堂等，並可欣賞到泰晤士河沿岸的風光與倫敦塔內的風景。

外區塔樓內展示著中世紀文物　　　　　　昔日囚犯便是乘船從泰晤士河經此「叛國者之門」送入倫敦

　　最後從聖湯瑪斯塔離開時，別忘了看看叛國者之門（Traitors' Gate），昔日那些政治犯便是從泰晤士河上直接以船由此門送進塔內，一旦閘門關上，「叛國者」就再也無緣重見天日。

倫敦塔

交通：地鐵 District 和 Circle 線 Tower Hill 站
地址：The Tower of London, London EC3N 4AB
電話：+44（0）20 3166 6000
時間：3 至 10 月周二至周六 9:00-17:30，周日一 10:00~17:30；11 至 2 月周二至周六 9:00~16:30，
　　　周日一 10:00~16:30。公休 1/1、12/24~12/26
門票：全票 £ 22，優待票 £ 11~18.7
網址：www.hrp.org.uk/TowerOfLondon

食牛肉的侍從

在倫敦塔中可以看見身著傳統服飾的侍從守衛（Yeoman Warders），這群最初出現於愛德華四世時代的皇家貼身侍衛，因可以隨意食用牛肉而被稱為「食牛肉者」（Beefeaters）並身兼獄卒。儘管如今成了解說員，他們卻依舊守護著倫敦塔，每當傍晚鎖上塔門後，侍從守衛就在外區和家人過著平凡百姓的生活。

哥德傑作
聖禮拜堂 Sainte-Chapelle

你是否曾有過意外窺見「神光」的經驗？如果你看過英國知名風景畫家透納的《勇莽號戰艦》，或許就能明白我的感受：由黃轉紅的夕陽朝著海平面逐漸下墜，被濃厚雲層篩過的光線透著迷人的金光，天空色彩既繽紛又詭譎……要到哪裡才可以沐浴於類似的璀璨神光中呢？只要站在巴黎聖禮拜堂的彩繪玻璃下，就連天堂彷彿都近在咫尺。

　　四周圍繞著高牆與建築，猶如一只精緻的珠寶被收藏於匣盒之中，然而聖禮拜堂卻未因此隱匿，反而以一座直指天際的尖塔標示位置，它或許不及西堤島上另一頭的聖母院宏偉壯麗，卻以美不勝收的彩繪玻璃迷倒眾生。

　　和巴黎古監獄對望的聖禮拜堂也是西堤宮的一部分，由路易九世（Louis IX）興建於 1242 至 1248 年間，兩者均是卡佩王朝（Les Capétiens）極少數保存下來的建築之一。身為虔誠的天主教徒並兩度發起十字軍東征，路易九世從最後一位君士坦丁堡的拉丁皇帝 Baldwin II of Courtenay 手中，買下了打從西元四世紀起即隸屬於羅馬帝國君士坦丁大帝的一系列聖物，包括耶穌受難時頭戴的荊冠、浮現耶穌頭像的「艾德薩圖像」（Image d'Édesse）、聖血、聖十字架的碎片約 30 件物品。國王甚至從運送的威尼斯本篤會修士手中接下聖物，親自監督最後一段搬運路程，並將這段經過描繪於聖禮拜堂上層南面，名為《耶穌受難聖物》（Reliques de la Passion du Christ）的彩繪玻璃上。

　　路易九世將這些取得不易的聖物收藏於一只精美的銀匣中，並興建一座禮拜堂加以供奉，在這座分屬兩層的聖殿中，最初有一座平臺可以直接從西堤宮通往專供王室和議事司鐸團使用的上層，也就是放置聖物的地方，不過隨著西堤宮的消失和 1846 年展開的龐大修復工程，聖禮拜堂今日的建築結構有多少有了更動。路易九世為擁有聖物不惜一擲重金，除了是推崇天主教信仰，背後還有另一個野心，從他模仿查理曼（Charlemagne）位於今日德國亞琛（Aachen）的王室禮拜堂雙層建築看來，不難得知他將自己比擬為中古世紀最偉大國王繼承者的驕傲。而他的輝煌成就確實讓他成為當時天主教國王的典範，甚至在死後受封為聖路易（St Louis）。

　　聖禮拜堂採用的是火焰哥德式風格，從外觀就能輕易看出特色：扶臂上堆疊著小尖塔、長條狀的花飾窗格區隔著寬大的窗戶、大量的哥德式蔓草花紋圖案攀爬於屋頂四周

聖禮拜堂的一樓金色拱頂間穿插著象徵王室的紅藍底裝飾圖案

的山牆……，不過進一步觀察，它卻少了氣勢驚人的飛扶壁和大量的雕像，唯獨抱著聖子的聖母迎接著由一樓正門而入的參觀者。一座座金色的尖拱頂撐起綴滿法國王室象徵「金色百合花」的藍色天棚，這裡曾是居住宮中的隨從與僕侍禮拜和禱告的地方，四周三葉形的盲拱廊猶如一把把巨大的金色鑰匙，高舉著上方的彩繪玻璃，除了藍底金百合花外，小圓柱還錯落著代表路易九世母親家族徽章的紅底塔樓。此外，在一樓禮拜堂中左側後殿保留一幅巴黎最古老的壁畫《天使報喜》，歷史回溯到十三世紀，聖路易的雕像聳立於半圓形祭壇旁。

聖禮拜堂在法國大革命期間遭受嚴重破壞，所幸大量的彩繪玻璃幾乎毫無損傷，環繞於上層禮拜堂的 15 扇巨大彩繪玻璃，將四面八方的光線全引進室內，讓來訪者乍見時差點忘了呼吸，藍、黃、紅、綠、白等色彩拼湊出目不暇給的圖案，仿如置身於一個千變萬化的萬花筒，每次轉身或視線流轉，都像翻轉一次再重組圖案。這些彩繪玻璃以半圓室中央的耶穌受難為主題，兩旁分別描述福音者約翰、耶穌童年，以及施洗者約翰和舊約《聖經·但以理書》，擁抱著昔日展示聖物的聖龕。

沿中殿左右延伸的彩繪玻璃，重現創世紀到耶穌復活的 1,113 幕重要事蹟，這或許是「瀏覽」聖經最賞心悅目的方式；十五世紀末，查理八世增添玫瑰窗，描繪 86 幅《啟

聖彼得像是上層禮拜堂少數保留下
來的原件之一

位於上層的禮拜堂以 15 扇巨幅彩繪玻璃描繪《聖經》故事

示錄》的故事。穿插於彩繪玻璃間的 12 使徒雕像，裝飾著尖塔狀拱頂下方的柱腳基石，其中有六尊為複製品，原件之一的聖彼得手持圓形儀式十字架，站在聖龕斜前方的舊約《聖經・約書亞記》彩繪玻璃窗前，而由上千根四葉形柱羅列而成的下方連拱廊間，則裝飾著與殉難場景相關的天使畫。

過去，你或許會認為中世紀的人「少見多怪」，但現在，你也不得不稱呼它一聲「天堂之門」了吧！

聖禮拜堂

交通：地鐵 4 線 Cité 或 Saint-Michel 站，或地鐵 1、4、7、11 和 14 線 Châtelet 站，或 RER B、C
　　　線 Saint-Michel - Notre-Dame 站
地址：4, Boulevard du Palais, 75001 Paris
電話：+33（0）1 53 40 60 80
時間：3 至 10 月每日 9:30~18:00，5 月中至 9 月中周三延長開放至 21:00；
　　　11 至 2 月每日 9:00~17:00。公休 1/1、5/1、12/25
門票：全票€ 8.5，優待票€ 5.5；與巴黎古監獄合買套票全票€ 12.5，優待票€ 8.5
網址：sainte-chapelle.monuments-nationaux.fr

哥德傑作
西敏寺 Westminster Abbey

聖路易在興建巴黎的聖禮拜堂時，除了當成皇家禮拜堂使用外，更希望象徵法國王室權力的它能成為全世界天主教徒的「新耶路撒冷」。同樣源起於中世紀王室教堂的西敏寺和前者擁有諸多相似之處，英國王室由生至死的重大儀式都在此舉行，身兼信仰和權力中心，且它八角形的教士會禮堂（Chapter House）中的彩繪玻璃，也巧合的與聖禮拜堂同期！

比起聖禮拜堂的纖細精巧，西敏寺只能以龐然大物來形容了。不似前者在王室移居羅浮宮後發展停滯，西敏寺打從落成之初即為英國王室御用至今，儘管期間曾因亨利八世與天主教廷決裂而一度關閉，卻未影響到它日後的發展，1579 年時伊莉莎白一世將它改為由牧師團長而非主教管理的教堂，自此成為王室的特有財產。

西敏寺的前身是本篤會修道院，1045 至 1065 年「懺悔者愛德華」（Edward the Confessor）以一座石造教堂獻給使徒聖保羅，為了區隔已經存在的聖保羅大教堂，這個位於西側的大教堂因而命名為「西大教堂」（west minster）。隔年，「征服者威廉」在此加冕為王，從此展開英國王室在西敏寺登基的歷史，之中除了於倫敦塔失蹤的愛德華五世，以及愛美人不愛江山的愛德華八世（即溫莎公爵）外，所有君王都在大主教的加冕下成為一國之君；且自 1308 年愛德華一世將歷代蘇格蘭國王加冕用的斯昆石（Stone of Scone），改建為一座以橡木鍍金而成的寶座後，所有加冕儀式都在這張椅子上進行。

1245 年時，亨利三世從法國回來後，決定將西敏寺改建成新哥德式建築，打造翼廊、北面大門、玫瑰窗以及部分迴廊和教士會禮堂，奠定今日西敏寺大致面貌。1254 年西敏寺落成後，亨利三世將「懺悔者愛德華」的遺骸重新遷回其中，而後從亨利三世至亨利八世，幾乎所有國王都安葬於西敏寺。除此之外，西敏寺還包辦了英國王室的洗禮和婚禮，1100 年，亨利一世和瑪蒂妲王后（Matilda of Scotland）在西敏寺舉辦首場王室婚禮；2011 年，威廉王子和凱特王妃的世紀婚禮也在此舉行，讓世人透過全球直播的方式見證一切。

西敏寺的魅力有多大？你必須做好大排長龍的準備，參觀者從裝飾著飛扶壁和大量雕像的北面大門展開旅程，許多人在好不容易進入後急著往前走或租借語音導覽，反而忘了回頭看看上方數一數二的大玫瑰窗。入內後最先出現在左前方的是「懺悔者愛德華」

占地廣大的西敏寺，擁有許多可看之處，其中迴廊同樣賞心悅目

和巴黎聖禮拜堂彩繪玻璃年代相仿的教士會禮堂

聖堂（Shrine of St Edward the Confessor），由於歷史悠久必須跟隨導覽行程才能參觀，順著它一旁的動線往下走，通往亨利七世女子禮拜堂（Henry VII's Lady Chapel），這個天棚裝飾著美麗扇形拱頂的禮拜堂前方有一座高祭壇（High Alta），鑲嵌於 1268 年的黑白雙色大理石拼花地板中央，擺放著四隻金獅常臥椅角的愛德華國王寶座，原本放置於加冕椅下方的斯昆石已在 1996 年歸還給蘇格蘭，進行加冕儀式時才會再從當地運來。

　　高祭壇後方是亨利七世夫婦和一干王室成員陵墓所在，令人莞爾的是曾為爭奪王位針鋒相對的瑪麗一世和伊莉莎白一世，死後被迫「和解」，在此共用同一墓穴。繞禮拜堂一圈後，「懺悔者愛德華」聖堂另一側是詩人角（Poets' Corner），除了皇親國戚外，西敏寺也有不少與教堂相關的人士長眠於此，寫下《坎特伯里故事集》（the Canterbury Tales）的喬叟（Geoffrey Chaucer）是首位下葬於此的詩人，據說就是因為他認識西敏寺的人員；如今這裡還可以看到莎士比亞、珍‧奧斯汀等作家的紀念碑。

　　在唱詩班席旁有一扇通往迴廊（Cloister）的門，別錯過保存著十三至十四世紀瓷磚地板、彩繪玻璃和壁畫的教士會禮堂，它是十三至十六世紀舉辦國王會議的地方，再往

環繞中庭的迴廊是西敏寺最優美的角落之一

隱身於學院花園後方的小迴廊氣質脫俗

最後落成的西面大門和裝飾上方的聖徒教宗群像

下走還有一處隱藏於學院花園（College Garden）後方的小迴廊（Little Cloister），景色非常清幽且寧靜。沿著迴廊重返西敏寺，在正對著西面大門的地方有一塊 1920 年新增的無名戰士墓（Grave of the Unknow Warrior），紀念二次大戰時為國捐軀的英雄。不過西敏寺主建築最後落成的部分，要屬西面人門的塔樓，直到 1745 年時才在雷恩爵士的設計監督下，展現它在藍天下傲然而立的姿態。

西敏寺

交通：地鐵 Jubilee、District 和 Circle 線 Westminster 站
地址：20 Dean's Yard, London SW1P 3PA
電話：+44（0）20 7222 5152
時間：周一至周五 9:30~15:30，周六 9:30~13:30，周三延長開放至 18:00。公休周日和特殊宗教
　　　日期，確切時間和迴廊等其他相關景點開放時間可上官網查詢
門票：全票￡18，優待票￡8~15
網址：www.westminster-abbey.org

古今王宮
皇家宮殿 Palais Royal

　　誰都聽過羅浮宮、凡爾賽宮甚至楓丹白露宮（Fontainbleau），但提起巴黎的另一座王宮「皇家宮殿」，或許不少人心中都浮現問號，更有趣的是，他們可能都從它面前經過而不自知！隔著同名地鐵站出口與羅浮宮北翼對望，這棟巴黎最「大隱隱於市」的建築，常讓人丈二金剛摸不著頭緒，心想哪來的王宮？就算知道皇家宮殿是哪棟，也常讓人望門興嘆，入口究竟在哪？

　　我也是去了幾次皇家宮殿後，才摸清楚它的入口與結構，原因在於它那有著美麗柱廊的北面正門早就於 1830 年關閉了，因此必須從緊鄰法蘭西喜劇院（Comédie-Française）旁的黎胥留路（Rue de Richelieu）彎進去，才能找到通往主要中庭（Cour d'Honneur）的入口。地點隱密不說，因為規模不算大，夾在附近一棟比一棟還恢弘的建築，且羅浮宮就在對面的情況下，確實有些難以引人注意。

　　皇家宮殿最初曾是路易十三世的宰相、樞機主教黎胥留於 1633 年興建的宮殿，主教過世後宮殿收歸國有，成了路易十四世度過童年的地方，也改了今日的名稱。在路易十四世的弟弟奧爾良公爵菲利浦娶妻之後，皇家宮殿就成為奧爾良公爵府（Maison d'Orléans），公爵夫人為它增添了一座據傳當時最漂亮的花園，而在這對新主人的主持下，皇家宮殿成為巴黎社交中心，甚至在十八世紀發展成貴族聚會、賭博等熱門娛樂場所。

　　幾經流轉的命運，皇家宮殿如今是法國最高行政法院（Conseil d'État）、文化部（Ministère de la Culture）和國家圖書館等政府機關的所在地，不過前來拜訪的人可不只洽公的民眾，除了遊客會來看中庭那些 1986 年時由藝術家貝倫（Daniel Buren）設計、高低不一的黑白條紋柱外，延伸於後方的花園才是宮殿最迷人之處，四周環繞的建築將成排綠樹步道、噴泉與雕像花園隱藏其中，猶如與世隔絕的祕境，無論清晨、午後或黃昏，總有希望偷取些許寧靜的人們到此閱讀、晒太陽或談心。至於林立一旁的骨董店、藝廊和設計師商店，更增添它的獨特氛圍。

盛開於皇家宮殿花園中的玫瑰

皇家宮殿以貝倫柱、迴廊和骨董店著稱

綠意盎然的花園四周環繞著建築，為巴黎人提供休憩的祕境

皇家宮殿和花園

交通：地鐵 1 和 7 線 Palais Royal - Musée du Louvre 站
地址：6, Rue de Montpensier, 75001 Paris
電話：+33（0）1 47 03 92 16
時間：10 至 3 月每日 7:00~20:30，4 至 5 月每日 7:00~22:15，7 至 8 月每日 7:00~23:00，9 月每日 7:00~21:30
門票：免費
網址：palais-royal.monuments-nationaux.fr

古今王宮
白金漢宮 Buckingham Palace

> 以一道裝飾著金頂和王室徽章的柵欄,隔開王室與尋常百姓的世界,新古典主義風格的白金漢宮看似毫不遮掩的展示於世人面前,然而漫長且厚實的立面卻給人難以接近之感。或許因為它是今日英女王主要的官邸和舉辦儀式的地方,平日守衛森嚴難越雷池一步,再加上僅有短短的夏季對外開放時間,爭相目睹的人潮讓人想接近也難。

　　遠至中世紀時,今日聳立著白金漢宮的這片土地即為英國王室所有,直到「征服者威廉」將它送給要臣 Geoffrey de Mandeville,然後 Geoffrey de Mandeville 再因妻子在泰晤士河畔荷雷村(Hurley)創立一座本篤會小修道院(即日後西敏寺),而將它餽贈給僧侶。十六世紀中,這塊充滿沼澤的土地才再度回到英國王室亨利八世的手中。

　　早期的英國王室居住於格林威治區的愉悅宮,和倫敦西南方約 20 公里處的漢普頓宮(Hampton Court Palace),直到 1837 年,維多利亞女王才從聖詹姆斯宮(St James's Palace)遷居白金漢宮,這座位於今日倫敦核心的王宮才終於熬出頭。起步晚,白金漢宮「又嫩且新」,它最初的雛形出現在 1703 年,當時的擁有者首任白金漢公爵,聘請建築師興建了一棟主建築樓高三層、兩側延伸著較小側翼的白金漢府(Buckingham House)。1825 年時,喬治四世請納許為它改造成今日面貌,也正式更名為白金漢宮。

　　儘管內部華麗異常,裝飾著大量的鍍金飾板和林布蘭、魯本斯等大師的作品,不過我並沒有將有限的時間花在上面,許多人和我一樣,他們可能會挑選在上午抵達白金漢宮,欣賞 11:30 的衛兵交接儀式(Changing of the Guard)。對此,我有段很幸運的經歷,我曾在趕往白金漢宮的途中被阻擋在林蔭大道(the Mall)上,正抱怨著趕不上交接儀式時,發現衛兵邊演奏軍樂邊從我前方列隊而過,接著英女王夫婦搭乘的轎車駛出,他們正前往皇家騎兵衛隊(Horse Guards),準備主持某場盛大儀式。

裝飾著王室徽章的白金漢宮柵欄

2 3

1 白金漢宮以新古典主義風格打造

2&3 前方噴泉中央聳立著一尊維多利亞女王紀念碑

1 延伸於白金漢宮前方的林蔭大道寬敞筆直　　　2 前方的花圃以對稱方式呈現

白金漢宮和花園

交通：地鐵 Circle、District 和 Victoria 線 Victoria 站，或 Piccadilly 線 Hyde Park Corner 站，或
　　　Jubilee、Piccadilly 和 Victoria 線 Green Park 站
地址：Buckingham Palace, London SW1A 1AA
電話：+44（0）20 7222 5152
時間：每年開放時間異動，約在 7 月底至 9 月底間的 9:30~18:30 或 19:30，參觀必須跟隨導覽行
　　　程，每梯次約 2.5 小時，確切開放時間可上官網查詢
門票：全票￡20.5、優待票￡11.8~18.8
網址：www.royalcollection.org.uk/visit/the-state-rooms-buckingham-palace

信仰誕生
巴黎聖母院　Notre-Dame de Paris

今日收藏於羅浮宮的名畫《拿破崙一世加冕儀式》，記錄著 1804 年 12 月 2 日拿破崙加冕的盛況：端坐於祭壇上的教宗庇護七世（Pape Pie VII），凝視著前方高舉皇冠的拿破崙，準備將它戴在雙手合十、長跪於地的約瑟芬頭上，四周圍繞拿破崙母親、波拿巴（Bonaparte）家族成員、朝臣與隨從，從畫面右半部露出的半截《聖殤》（Pietà）雕刻，可以看出背景正是巴黎聖母院。

坐落於西堤島的東南隅，以兩座高 69 公尺的塔樓朝西對來訪者敞開大門，巴黎聖母院這座歷經兩個世紀才完成大致輪廓的哥德式建築，直到十八世紀中葉以前都是西方世界中最宏偉的宗教殿堂。人們總說：「聖母院象徵著巴黎的歷史」，兩者的緊密結合自古羅馬人建城時已展開，在聖母院廣場上一座地下室裡，展示著當地出土的高盧羅馬文物和古巴黎城的遺址地基。

有人的地方就有信仰，早在 1163 年德・蘇利（Maurice de Sully）為它奠定基石以前，這裡已是神聖之地，據說最初曾聳立著一座古羅馬神殿，甚至聖母院也非首座教堂，一座獻給聖史蒂芬的大教堂出現於西元四至七世紀之間。隨著巴黎的地位提升，加上教堂老舊且不敷使用，因此民眾和教會攜手出資，打造出這座沒有十字翼廊，而是以中殿伴隨五座廳堂的特殊建築。

雖然，聖母院是今日全世界最知名的歷史建築之一，不過由於年代久遠，當初建造的建築師姓名已不可考，只知維奧萊・勒・杜克在十九世紀時為其進行全面整修，並增建了規劃於最初藍圖、卻一直沒有落成的 90 公尺尖塔；而落成後幾乎沒有太多改變的聖母院之所以需要如此大手筆的「整修」，在於法國大革命的嚴重破壞，當時為自由殺紅了眼的暴民，摘掉它為聖母服務的任務，為它植上「理性聖殿」的新定義。

從西面「聖安娜門」（Portail Sainte-Anne）走進這處格局左右對稱的空間，成排而立的拱廊柱將視線引領至中殿的最深處，坐落於彩繪玻璃下方的祭壇。沿著右側的迴廊往前走，經過大大小小的禮拜堂，再跨上半圓形式的階梯前彩繪著被聖徒環繞的南面玫瑰窗，以及對面取材自聖母生平和舊約《聖經》的北面玫瑰窗，是十八世紀時教堂為改善採光更換大量新式玻璃後少數保留下來的「老窗」。

緊接著階梯後方延伸的是唱詩班席，出自十四世紀哈維（Jean Ravy）的設計，為

1 聖母院的主殿擁有極度挑高的空間　　　　　2 獻給聖母的北面玫瑰窗
3 主祭壇中央的《聖殤》令人動容

隨著巴黎的發展而不斷擴建與重建的聖母院，濃縮了各個時期的風格與藝術

了讓教士能更專心禱告，他採用石造雙重迴廊，這組「隔音牆」此側裝飾著耶穌生平的淺浮雕，呼應著對側描繪聖母故事的主題。端坐於主祭壇中央的是出自庫斯杜（Nicolas Coustou）之手的《聖殤》，圍繞著悲泣天使的聖母展開雙手無語問天，膝上躺著癱軟的耶穌，手持王冠的路易十三和右手撫心的路易十四則伴隨兩側。

　　聖母院的內部值得一看，但千萬別因此跳過塔樓，我曾經因登塔隊伍大排長龍而退卻了好幾次，然而當我咬牙狠狠排了約 2 小時的隊、攀爬將近 400 級階梯，看到了那一座座造型詭異的滴水獸（les Gargouille）和半人鳥吸血怪物（les Stryges）雕像，以及遠眺周邊的巴黎風光後，一切都是值得的。特別是看著希臘羅馬傳說中半人半鳥、吸人血吃人肉的女魔斂起翅膀、手撐下巴的無奈模樣，這些總捎來壞消息的怪物，這下反而讓人莞爾一笑。

　　南塔的鐘樓（le Beffroi）也在參觀之中，改編成音樂劇的雨果知名小說《鐘樓怪人》，法文原名即為《巴黎聖母院》，躲在鐘樓中生活、為城市敲打大鐘的加西莫多（Quasimodo）曾說教堂的鐘是他僅有的愛人與朋友，只是不知道這座重達 500 公斤、只在天主教重大節日響起鐘聲的低音大鐘，和北塔那四座每天敲響數回的鐘，何者才最得他的歡心？

位於塔頂的滴水獸和半人鳥吸血怪物，每天都在欣賞巴黎風光

部分登上塔樓的迴旋梯

離開聖母院前別忘了欣賞聖安娜門側門的雕刻細節

再美的風景，怪獸們每天看大概也覺得有幾分膩

INFO

巴黎聖母院

交通：地鐵 4 線 Cité 或 Saint-Michel 站，或地鐵 1 和 11 線 Hôtel de Ville，或地鐵 10 線 Maubert-
　　　Mutualité 或 Cluny – La Sorbonne 站

地址：6 Parvis Notre-Dame - Place Jean-Paul II, 75004 Paris

電話：教堂 +33（0）1 42 34 56 10、塔樓 +33（0）1 53 10 07 00

時間：教堂周一至周五 8:00~18:45，周六日 8:00~19:15；塔樓 4 至 9 月每日 10:00~18:30，7 至 8
　　　月周五六延長開放至 23:00，10 至 3 月每日 10:00~17:30。公休 1/1、5/1、12/25

門票：教堂免費；塔樓全票 € 8.5，優待票 € 5.5

網址：教堂 www.notredamedeparis.fr、鐘樓 notre-dame-de-paris.monuments-nationaux.fr

Check it out

尋找加西莫多

《鐘樓怪人》太有名了，讓許多人都想來看看
這位怪人和他的家，為了滿足遊客的好奇心，
教堂替這位虛擬人物打造一座半身像，從牆縫
探出半身的他就在教堂北面大約中間的地方，
努力抬頭找找吧！

信仰誕生
聖保羅大教堂 St Paul's Cathedral

　　如果要類比倫敦最像巴黎聖母院的宗教建築，那非聖保羅大教堂莫屬，這座當地歷史最悠久的教堂之一，歷經多次浴火重生，以與時俱進的建築見證著倫敦的歷史。不同於西敏寺給人根深蒂固的「皇家」印象，聖彼得大教堂更是一座全民教堂，在它那座全世界數一數二的巨大圓頂上，金色十字架圓球在藍天下大方宣告：我，就是全英國的信仰中心！

　　同樣位於古希臘羅馬神殿上的聖保羅大教堂，歷史比巴黎聖母院還要來得長久，西元 604 年時，在倫敦最高的山丘拉德門丘（Ludgate Hill）上，創立了一座獻給聖保羅的主教座堂。猶如一個命運乖舛的老人，大教堂難逃倫敦歷史上多次大火的烈焰，並歷經一次次的重建與重生，特別是 1666 年那場幾乎毀城的大火後，原本受命整修的雷恩爵士，發現祝聖於 1240 年的諾曼式大教堂只剩斷垣殘壁，再也難以恢復昔日的榮景，重建新教堂成了唯一的選擇。

　　只是新建過程仍是無比艱難，就此展開雷恩爵士和皇家委員會（Royal Commission）之間長達 35 年的拉鋸，其中光是草圖就來回數次，從擁有圓頂門廳的巴西利卡式教堂的「新設計」（New Design）、延伸著一座中殿的希臘十字形「大設計」（Great Design），到上方聳立著一座猶如東方寶塔般層疊著圓頂和尖塔的「授權設計」（Warrant Design）等。然而最有趣的是，落成於 1710 年的新聖保羅還是將了委員會一軍，因國王特許「裝飾變造」，雷恩爵士以一座高 85 公尺的大圓頂取代尖塔，並藉由兩座高 67 公尺的塔樓拉高西面入口，在他長期絞盡腦汁且捲入痛苦紛爭後，最終也有美好的結果，今日呈現於世人眼前的聖保羅大教堂成為他畢生的經典代表作！

　　不過我拜訪這座倫敦巴洛克式建築代表的運氣並不好，第一次因舉辦特殊活動而大門緊閉，第二次雖終得其門而入，卻撞上周日一整天的彌撒、讀經和布道等宗教儀式，我只能從一旁的甬道欣賞它內部金碧輝煌的模樣，無法看到傳奇海軍將領尼爾森將軍等名人墓不讓我感到失望，唯獨遺憾無法目睹雷恩爵士口中「如果沒有裝飾跟音箱有什麼不同」的管風琴，以及據說些許聲響都能產生回音的耳語廊（Whispering Gallery）。

體積龐大的聖保羅大教堂很難取得全景照

兩座高塔簇擁著中央三角楣，聖保羅最後落成的模樣成為雷恩爵士的代表作

聖保羅大教堂

交通：地鐵 Central 線 St Paul's 站，或地鐵 District 和 Circle 線 Mansion House 或 Blackfriars 站，
　　　或地鐵 Central、Northern 和 Waterloo & City Lines 線或船塢輕軌 Bank 站
地址：St Paul's Churchyard, London EC4M 8AD
電話：+44（0）20 7246 8350
時間：周一至周六 8:30~16:30，周日僅供儀式使用，不開放參觀
門票：全票 £17，優待票 £7.5~15
網址：www.stpauls.co.uk

WELCOME TO LONDON

CAFE DE FLORE

倫敦品味

Café, Tea or......
法國咖啡館文化 la Culture du Café

設置於美麗林蔭大道上的露天咖啡座，已然成為巴黎甚至法國最具代表性的風景之一！來到這裡，人們總覺得應該找個風和日麗的日子，挑選個喜愛的街角與合適的座位，點杯咖啡悠閒的消磨一段時光，無論只是靜靜的閱讀、或與三五好友閒聊、甚至看人與被看……，然而這些再尋常不過的舉動，為何在巴黎街頭就會顯得分外浪漫和優雅？

　　地景不同，城市的氛圍也不一樣，因此當你被成排中世紀的哥德、十四、十五世紀的文藝復興，以及十九至二十世紀的美好年代式（Belle Époque）建築環繞，遮蔭於枝葉濃密的法國梧桐下，四周沒有此起彼落、大大小小的招牌，或拉著特價促銷的紅布條時，你會發現一座以歷史痕跡「素淨」妝點的城市原來很美，也因此露天咖啡座如此迷人！尤有甚者，自從一支咖啡廣告打響「左岸咖啡」的名號後，在巴黎喝咖啡儼然成為一件充滿氣質的事，近年來臺灣也出現了很多別具特色的咖啡館，但在巴黎喝咖啡的感覺總是獨特的，也許是因為有些歲月洗鍊的底蘊和背景，無法輕易複製吧！

　　所謂的左岸咖啡，指的是位於塞納河左岸，特別是位於聖傑曼德佩區（St-Germain-des-Prés）的咖啡館，那是 1643 年巴黎首座咖啡館創立的地方。1670 年代，巴黎掀起一波「阿拉伯飲料」熱，咖啡館更如雨後春筍般於此區出現，其中包括創立於 1677 年的波蔻咖啡館（le Procope），伏爾泰（Voltaire）、狄德羅（Diderot）和盧梭（Rousseau）等作家都是常客，也因此左岸咖啡幾乎成為巴黎咖啡館的代名詞。文人和思想家之所以喜歡出入咖啡館，除了這裡是消息傳遞中心外，更因為在這裡人人皆可發言，不必出身權貴，巴爾札克（Honoré de Balzac）曾說：「咖啡館的櫃檯就是人民的議會。」無論宗教、藝術、文學、政治等話題都在此沸沸揚揚，各色階層、各種行業、各方人馬全聚集於此，一次次的交談與辯論後激發出無數的火花也誕生「前衛」思想，包括「擦槍走火」的法國大革命。

　　不過在眾多出沒咖啡館的法國文人中，最讓人津津樂道的大概要屬女性主義代表作家西蒙・波娃（Simone de Beauvoir），和存在主義代表人物沙特（Jean-Paul Sartre），這對法國文學情侶經常出現在聖傑曼德佩區的花神咖啡館（Café du Flora），甚至將此處當成他們的社交客廳，西蒙・波娃曾表示，二次大戰期間物資缺乏，他們（這群窮苦的作家）總是盡可能在咖啡館待上最長的時間，直到不得已，才回到那沒有暖氣的家。

189

Café, Tea or......
英國紅茶文化 British Tea Culture

　　猶如咖啡之於法國，提起英國自然和紅茶產生聯想。英國人有多愛紅茶，從他們隨時都會喝上一杯就能瞧出端倪，甚至還變化出早餐茶（Breakfast Tea）和午後茶（Afternoon Tea）等茶品，你可就沒聽說過「早餐咖啡」和「午後咖啡」了吧！英國人愛茶成癡，不但發展出講究的飲茶細節與儀式，這個不產茶的國家還能一躍成為「紅茶」的代名詞，不得不讓人佩服她的癡狂！

　　我常常想，以「蝴蝶效應」來形容英國因紅茶而產生的連鎖反應再適合不過了。

　　十七世紀，當英國從荷蘭人那裡認識茶葉後，便瘋狂的愛上了這種來自神祕東方的飲料，全國上下需求暴增，就連位於北美洲的殖民地也相當盛行，高漲的稅金引發走私猖獗，為了挽救英國東印度公司的生意，英國政府掌控北美殖民地的獨賣權，造成引發日後美國獨立戰爭的導火線，發生於 1773 年的波士頓茶葉事件（Boston Tea Party）。同時，因為以白銀和中國購買茶葉而造成國庫大量空虛，於是他們將鴉片運往中國以換取貿易赤字平衡，最後引發中英兩國間從 1839 至 1842 年的鴉片戰爭。

　　英國人無法滿足於只從中國收購茶葉，他們還將腦筋動到已納入版圖的印度、錫蘭（今斯里蘭卡）等熱帶亞洲殖民地上，看看有誰適合種植茶葉？或許就連英國也沒想到，他們對於小小一片茶的偏執，居然為歷史投下了一顆顆的震撼彈，炸出國與國之間一陣陣驚濤駭浪。

　　今日我們提到英國與茶，想到的往往是紅茶，不過最初英國人也飲用綠茶，只是當時以帆船運送，漫長的過程難以維持茶葉品質，遇上暴風雨時，茶葉在潮溼的情況下發酵，因此流傳著一種說法，幾乎完全發酵的紅茶，可能就是英國茶商將淋溼的茶葉烘乾後出售的結果。這項說法雖無法得到證實，但可以確定的是，英國人確實會混合上等茶葉和變質茶葉，也誕生英國日後混合茶的傳統。此外，英國人也很快的發現，當地硬度較高的水反而更適合單寧（Tannins）含量較高的紅茶，於是紅茶成為消費大宗。

　　由於十九世紀中葉以前，茶葉的身價非常高昂，因此成為貴族或上流社會招待貴客的飲品，茶葉平日被精心的收藏在附鎖的銀製茶匣（Tea Case）中，只有客人上門時，才會由管家從櫃中取出，交由主人以鑰匙打開，並以銀製茶匙勺入中國進口的陶瓷壺中，加上剛煮沸的熱水沖泡。至於喝茶的器具，也是先從中國的茶碗，逐漸衍生出日後附有

喝茶是英國的全民運動，不但衍生出喝下午茶的傳統，還有多種口味的茶飲和成套搭配用品

把手的杯組，其他添加牛奶和砂糖、搭配各種點心等傳統，當然也因如此慎重其事的「炫耀」行為，隨之發展成一套繁複的儀式。

這些儀式中，最知名的要屬今日依舊相當流行的英式下午茶。由於昔日英國貴族間的晚餐通常伴隨著社交活動，有時甚至在音樂會等藝文活動後，延至 8、9 點的晚餐讓人飢腸轆轆。1840 年時，住在倫敦北方貝爾福德郡（Bedfordshire）的貝爾福德公爵夫人安娜（Anna），養成了在下午時請傭人替她準備熱茶、麵包和奶油、蛋糕墊墊肚子的習慣，後來演變成會邀請朋友一起來參與的活動。安娜來到倫敦後，把這項在家喝下午茶的習慣帶進當地社交圈，最後在全英格蘭蔚為風潮。到了 1880 年代，仕女穿戴長禮服、手套和帽子，參與這場午後 4 點於某位貴婦家中會客室（Drawing Room）舉行的社交活動，

正統的英式下午茶，無論環境或點心都賞心悅目

已是一種流行。到了二十世紀初，在家喝茶已經不能滿足她們，為了增添點旅行的樂趣，頂級飯店的茶廳（Tea Lounge）就成為「姐妹會」大聊八卦的新據點。

　　除了裝在銀壺中的熱茶和飲用的骨瓷杯外，傳統的英式下午茶以三層點心架盛裝，由下往上分別放置精巧的三明治、司康烤餅（scones）和小點心，三明治中一定有最具代表性的小黃瓜薄片和燻鮭魚口味，司康則搭配濃縮奶油或果醬，至於小點心當然有水果塔和小蛋糕。通常三明治用完後可以續點，途中也可以更換搭配的紅茶，因此雖說是下午茶，但用過後非常飽足，甚至可省略晚餐。如今在倫敦的布朗（Brown's）、麗池（the Ritz）和朵切斯特（the Dorchester）飯店，以及精緻食品專賣店 Fortnum & Mason、頂級百貨公司哈洛德（Harrods，P202）等，都是體驗正統英式下午茶的好地方。

Cuisine
Bourgeoise
Cuisine Française
Patrimoine de l'humanité

美好傳統滋味
法式小酒館 le Bistro

　　咖啡館、小酒館和餐廳，有時候在法國實在很難區別其中的差異。簡單的說，咖啡館主要提供咖啡和茶為主的飲料，以及沙拉與三明治等簡餐；小酒館則以較簡單的傳統料理為主，供應的飲料隨著繳納的稅金和執照等級而異；至於餐廳則是高級、正式的用餐地點，上桌的料理多為廚師精心烹調且著重食材的功夫菜，琳瑯滿目的飲料中還有一長串的葡萄酒單。

　　旅行法國時，小酒館是我最喜歡的用餐處，咖啡館有時提供的食物過於簡單，難以滿足想吃香噴噴、熱騰騰食物的慾望；餐廳則不但消費高，還得顧及用餐禮儀或服裝需求，對旅人，特別是獨自旅遊的人來說稍嫌綁手綁腳。夾在兩者之間的小酒館正好能取得平衡，而且通常可以吃到非常有媽媽味道的家常料理或傳統菜餚，幾次下來所吃到的食物，就算是蘑菇白醬雞肉這類簡單的菜色也能令人回味無窮。

依採買食材更換的手寫菜單

　　說起小酒館的歷史至今仍無定論，有一說可能是過去食宿全包的公寓，將位於一樓的餐廳對外開放以增加收入而來，不過里昂（Lyon）也常見大餐廳將旗下較平價的分支命名為「Bistro」。無論何者，小酒館某種程度上就象徵著以較平實的食材做出相對便宜的料理，至於詞源的由來或許和餐前提供摻有烈酒的咖啡 bistrouille 有關，但我更喜歡另一種說法：相傳十九世紀初俄軍占領法國期間，會催促快點上菜而邊拍桌子邊大喊俄語的「快一點」，發音即是 Bistro，光想就很有畫面！

　　儘管小酒館提供簡單的菜單，不過大概很少人會認真翻閱，因為每日依市場採購內容而推出的餐點，才是它最吸引人的地方，店家通常會以粉筆寫在一塊黑板上，經常出現的主菜包括油封鴨（Confit de Canard）、紅酒燉雞（Coq au Vin）、烤羊腿（Gigot d'Agneau）、紅酒燉牛肉（Boeuf Bourguignon）等，當然還有廚師的招牌菜。

　　位於小巷的小酒館，特別是遠離觀光勝地，坐落於住宅區中，經常可以看見店家和常客互動的熱絡場景，讓遊客瞬間融入當地的日常生活中。

小酒館的家庭料理卻是滿載風味的食物

美好傳統滋味
英式酒吧 English Pub

儘管下午茶代表英國人的文化精髓，不過如果想要一探英國人的真實面貌，就非得走一趟酒吧不可！酒吧到底在英國人生活中扮演著什麼樣的角色？我會說像走廚房一樣自然，BBC 影集和英國電影中動不動就說：「要不要去喝一杯？」的橋段，每天都在倫敦街頭上演，大約從下午 4、5 點起，酒吧外就會開始出現一群群身著西裝和套裝的上班族「裝飾品」。

英國人有多愛上酒吧呢？以年輕時的私人日記聞名的十七世紀下議會議員皮普斯（Samuel Pepys）曾寫道：「酒吧是英格蘭的核心。」即使是幾個世紀以前的評論，卻一針見血從未失真。英國人愛喝酒這點毋庸置疑，但比起法國的小酒館，英國的這個八卦和小道消息傳播站可要有趣得多了，除了吃吃喝喝，還可以射飛鏢甚至打撞球，對英國人來說，酒吧無疑是拋卻工作壓力的遊樂場，最常去的通常是辦公室旁的那間，才好在下班後立刻潛入，或翹班時能以最快速度回到工作崗位！

英國人喝酒的基因早在青銅器時代就已種下，不過酒吧的誕生大概要到古羅馬人在交通要道上設置客棧（tabernae）時起，盎格魯・撒克遜人統治時，位處交通要衝的居民會在住家外設立啤酒館，每當啤酒釀至完成後，女主人就會在店外掛上綠色灌木，「召喚」過路者入內清涼一下。啤酒館大受歡迎的程度從一窩蜂湧現可見，西元 965 年時英格蘭埃德加（Edgar）國王甚至必須下令，每個村子只能有一家啤酒館。到了十四世紀理查二世時代，國王要求營業單位外必須豎立招牌，如此一來為店家判定啤酒品質的巡官或區內的啤酒試飲員，就能輕易辨識啤酒館和民居的差別。有鑑於中世紀的人們通常不識字，這些招牌當然多以圖畫表示，或者和釀造過程有關，像是一大串啤酒花或釀造器具等，要不就是老闆的暱稱、太陽和月亮等大自然現象，後來甚至取材自知名戰役、神話人物、王室成員等。

為服務中世紀大多不識字的顧客，英式酒吧通常會以某些圖案為招牌，如今已成為當地的特色

酒吧是英國當地人最活躍的社交場所之一，各種口味的啤酒口感從清爽到濃郁都有，滿足大眾需求

　　酒吧的發展在二十世紀出現分歧，一種是中產階級會去的私人酒吧，裡頭鋪設著地毯，舒適的座椅上放置抱枕，稱為沙龍（Saloon）和 Longe Bar；勞工階級去的則是公共酒吧（Public Pub）呈現出天差地遠的面貌，不是光禿禿的地板，就是鋪上厚厚一層用來吸收口水和溢出啤酒的鋸木屑，硬梆梆的板凳上空無一物，又稱為 Tap Room。儘管在 1960 至 1970 年代因硬生生被劃分為私人和公共酒吧而壁壘分明，不過後期差別只在於啤酒的價錢，甚至今日舊招牌上仍可見的「私人」、「公共」字樣，和酒錢高低也早已沒有絕對關係了。

　　今日的酒吧大多為一處開放式空間，中央或一側坐落著吧檯，不過歷史悠久的酒吧中可能還存在著牆壁區隔的小室，或是吧檯旁座位設有霧面旋轉玻璃小窗。位於倫敦羅素廣場（Russell Square）附近的 the Lamb 創立於十八世紀，至今還能看到這項保護酒客隱私的設計，你可以打開旋轉玻璃，隔絕自己與鄰人，「天寬地闊」的獨自暢飲。此外，這間酒吧還保留了靠窗的霧面玻璃，過去是為了讓路人無從窺見酒館內的客人，到了 1990 年代，為求室內採光充足，大多已被透明玻璃取代。

搭配約克夏布丁食用的烤牛肉

整條魚炸得酥脆的炸魚與薯條

　　至於英式酒吧中有什麼傳統名菜呢？除了魚骨炸至酥脆的炸魚薯條（Fish & Chips）外，還有烤牛肉（Roast Beef），這種軟嫩的沙朗牛肉必須先在表面抹上鹽、胡椒和芥末粉等香料，再纏上棉繩放進烤箱烤個 40 至 60 分鐘，接著在溫熱的盤子上靜置半小時，最後切片淋上以肉汁和洋蔥等熬煮而成的濃郁醬汁（Gravy Sauce），搭配迷你紅蘿蔔或青豆等蔬菜，以及外層香脆、中間軟嫩的鹹麵包約克夏布丁（Yorkshire Pudding）一同食用，美味指數只能以破表來形容。

學在地人上酒吧

Check it out

英國啤酒百百種，很多可能是你不熟悉的品牌，因此點啤酒時，不妨直接告訴酒保你想要的是淡啤酒（Lager）、苦啤酒（Bitter）、艾爾啤酒（Ale）或黑啤酒（Gunnies）等，讓他替你配上相符的品牌，當然，還必須告訴對方你要的是一品脫（One Pint，568ml）或半品脫（Half Pint）的分量。在英式酒吧除非用餐，否則一律為自助式服務，點酒、付錢和「領貨」，都在吧檯一次完成。

迷人景點商場
拉法葉百貨公司 Galeries Lafayette Haussmann

　　從我認識法國的那一天起，拉法葉百貨公司無疑的就成為其中的意象之一，那時還在臺灣念大學的我，手中拿到的巴黎地圖和相關巴黎免費介紹手冊，許多都刊載了它的廣告。當時，這間百貨公司有另一個打響華人圈的譯名「老佛爺」，大大沾了慈禧太后的光，但對我來說：這位前朝太后實在很難和花都的浪漫聯想在一起啊！

　　不過無論如何，拉法葉也好，老佛爺也罷，這間百貨公司都無疑是華人圈中最知名的巴黎（法國）百貨公司，在它每年超過十億的營業額中，中國人穩坐外國顧客購物之首，每天，你都可以看見成團成團的中國觀光客湧入，甚至有專門的華語櫃檯提供諮詢與退稅服務。

　　1893 年時，一對來自亞爾薩斯的遠房兄弟 Théophile Bader 和 Alphonse Kahn 聯手投入新潮服飾的生意，隔年就在迦尼葉歌劇院附近開了首間拉法葉百貨公司，他們鎖定上班族和中產階級，大受歡迎後於 1896 年買下附近多棟建築大肆擴張，最知名的是 1912 年落成於今日奧斯曼大道 40 號的主館，搭配一座巨大的新藝術風格玻璃圓頂，高達 43 公尺的頂點由 10 根當時最現代化的混凝土柱高高撐起，並由新藝術代表的南錫學院派（École de Nancy）大師為它妝點金屬雕刻、花草浮雕、新拜占庭風格的彩繪玻璃及樓臺的鑄鐵欄杆等，成了拉法葉百貨公司最經典的畫面！

　　在零售業如此蓬勃發展的現代，遊客或許不見得需要在百貨公司購物，但他們肯定仍然渴望前往拉法葉，抬頭仰望這番美景。除了玻璃圓頂外，這個法國百貨公司龍頭的旗艦店中還有許多值得參觀的地方，像是歷史悠久的拉門電梯、裝飾著新藝術風格花草圖案的階梯，以及位於頂層，可遠眺艾菲爾鐵塔等巴黎風光的露臺，當然也別錯過 2001 年起對外開放的藝術展覽廳（Galerie des Galeries），每年舉辦四次展覽以呈現時尚跟設計和藝術間交流的火花，誰說百貨公司只是個購物的地方呢？

拉法葉百貨
網址：百貨公司 haussmann.galerieslafayette.com，
　　　藝術展覽廳 www.galeriedesgaleries.com

迷人景點商場
哈洛德和利柏堤百貨 Harrods & Liberty

在倫敦，能與拉法葉匹敵的自然是全英國甚至全世界最大百貨公司之一的哈洛德了！1834年，Charles Henry Harrod 出於對茶的熱愛，而在東倫敦成立了一家批發茶的小商鋪，16年後，看中萬國博覽會的商機，他將店面遷至會場海德公園旁的騎士橋（Knightsbridge），奠定了該零售王國今日最核心的版圖。

不過，當時的哈洛德依舊是一間小商鋪，直到他兒子 Charles Digby Harrod 引進大量包括文具、香水、蔬果甚至藥品等商品後，才迅速擴張，從一個只有個位數僱員的店家，搖身一變成為旗下員工多達百人的百貨，甚至演變成今日擁有 330 個銷售部門的帝國，而它初創時期的茶葉和精緻食品等商品，依舊是哈洛德的金字招牌。當時日進斗金的 Charles Digby Harrod，卻因 1883 年底的一場大火，而燒毀多年來累積的財富，但哈洛德並未被打倒，在同年聖誕節前仍提供代客送禮服務，更在原址上興建了一座更龐大的建築。正因為這樣的良好形象與服務精神，使得哈洛德不但和王爾德、佛洛依德等名人建立良好的關係，也獲得伊莉莎白二世等王室成員的認證。

只是，哈洛德雖然擁有令人眼花撩亂的商品，其服飾部門也因之後易主埃及老闆，而增添法老王等古埃及風格的裝飾；但整體建築結構和拉法葉相比，就是欠缺些許迷人魅力。反之，1875 年創立於攝政街上的利柏堤百貨，倒是洋溢著都鐸時期的建築特色，你可以看見它今日以木頭桁架撐起的白色建築，取材自 1920 年代兩艘退役帆船的木頭，讓人行經倫敦的商業鬧區，卻誤以為走進的是鄉間。

驚喜還在後頭，走進以三座樓梯井打造的利柏堤百貨後，層層疊疊的木頭結構，卻又有種置身拉高版莎士比亞環球劇院的感受，環繞著樓梯井的小房間後，許多還保留著昔日壁爐……，當初 Arthur Lasenby Liberty 以織品、印花布，和來自日本與東方的裝飾品打響名號，如今那些印花襯衫、絲巾、領帶甚至帆布鞋等，依舊是它炙手可熱的特色商品。

INFO

哈洛德百貨
網址：www.harrods.com

利柏堤百貨
網址：www.liberty.co.uk

林逸叡提供

林逸叡提供

超脫購物樂趣
廊街　les Galeries

踏著馬賽克鑲嵌地磚或拼色大理石地板前進，兩旁裝飾著細木護板和半圓形窗的廊柱下，隱身著一間間充滿特色的店面。晴天時，光線透過挑高的玻璃天棚灑在半圓拱頂的浮雕和地面上；陰天時，大大小小的雨水將天窗敲打出滴滴答答的聲響，這是巴黎獨特的廊街，一條罩著玻璃屋頂的購物街，讓人不受天氣影響，盡享購物樂趣。

廊街，或許可說是百貨公司最早的雛形，只不過它是以平面延展的方式囊括了多種生意，在這個「複合式」的建築裡同樣可以定點採買多種商品，儘管它們非同一個店家與老闆所有。1820 年代開始、在百貨公司出現以前，廊街開始在巴黎形成風潮，不過隨著奧斯曼男爵大刀闊斧的改革巴黎面貌後，許多原本相依的店家搬到了更寬敞的香榭大道和瑪德蓮廣場（Place de la Madeleine）上，造成了廊街不可避免的頹勢，逐漸消失於地圖中，即使如此，還是有幾條保留下來了，其中最引人注目的要屬薇薇安廊街（Galerie Vivienne）。

位於地鐵站證券市場（Bourse）旁的薇薇安廊街落成於 1823 年，裁縫店、製鞋匠、葡萄酒商、餐廳、甜點店、書店等店家，當年都曾擠滿在這條洋溢新古典主義風格的室內街道，如今稍有出入，在它長 176 公尺、寬 3 公尺的空間裡，取而代之的是時尚頑童高提耶（Jean Paul Gaultier）和日本設計師鳥居由紀（Yuki Torii）的精品店，以及琳瑯滿目的禮品店和販賣二手書的舊書店。然而優雅天棚下方頌揚貿易的雕像、標示著製造商 G. Facchina 姓名和幾何圖案、彩色鑲嵌地磚，以及裝飾女神的圓頂，都讓它保留了一抹既精緻奢華卻又復古陳舊的氣氛，彷彿走著走著，時光也會慢慢靜止下來。

薇薇安廊街旁有另一條與之平行的柯爾貝廊街（Galerie Colbert），興建於 1826 年的它曾是薇薇安的競爭對手，不過如今物換星移，現在已改為圖書館、展覽廳和大學研究室，少了前者淡淡美麗而憂傷的味道，反而多了幾分清冽的學術氣息，只剩聳立著女子雕像的巨大玻璃圓頂，依稀可追憶昔日的繁華。

INFO

薇薇安廊街
網址：www.galerie-vivienne.com

柯爾貝廊街
網址：www.inha.fr

超脫購物樂趣
市集 the Markets

　　巴黎人擁有廊街，倫敦人則熱衷市集。這個城市的各區，無論平日或周末，大大小小的市集上演著蔬果、二手衣、骨董、設計師商品、雜貨甚至美食等五花八門的交易與生活場景，多以露天場地為主外，如鼎鼎大名的諾丁丘波特貝羅路市集；但也有不少在室內舉行，其中佼佼者非柯芬園（Covent Garden）莫屬。

　　從它今日周遭林立時髦商店且遊人如織的景象，很難讓人聯想到十三世紀時，這裡只是西敏寺修道院的果園。不過可以確定的是，柯芬園的名稱來自於十六世紀盎格魯·撒克遜人，他們將原本的本篤會男修道院 monastery 改為女修道院 convet，即柯芬；果園也因此發展成庭園，甚至在此創立了一座小商鎮，就此寫下了柯芬園的命運。

　　但柯芬園並沒有這麼快就變身市集，十六世紀中，知名建築師瓊斯在此興建了一系列精緻房舍，及圍繞著義大利拱廊的廣場，吸引富有的房客入住。1654 年時，一座小型的露天蔬果市場出現在南側，伴隨而來日後客棧、劇院和咖啡館甚至妓院的群聚效應，敗壞的名聲讓上流社會望之卻步，甚至在十八世紀時還一躍成為倫敦知名的紅燈區，於是為了整頓此區的名聲，一棟新古典主義的建築於 1830 年時在此落成，宣告它搖身成為一座正大光明營業的批發市場。

　　隨著交通發達和城市的擴張，批發市場終究遷移至他處。1980 年時，柯芬園以購物中心的形式重新對外開放，如今除了商店和餐廳外，這裡還有兩座市集：展售藝術家作品和設計師首飾的蘋果市集（Apple Market），以及販賣五花八門 T 恤、絲巾、球衣、紀念品的銀禧市集（Jubilee Market），鎮日熱鬧迎接遊客的到來。

　　另一個值得一提的室內市集是位於東倫敦（East End）的史派特菲爾德市集（Spitalfields Market），這座打從 1638 年就領有販賣肉類和蔬果執照的市場，是倫敦歷史最悠久的市場之一。如今在它以鐵架和玻璃撐起的維多利亞建築空間下，除國定假日公休外，每天上演時尚、藝術、手工藝品、美食等不同主題的市集，遇到特殊節慶還會舉辦相關活動，無論何時前往都充滿樂趣。

INFO

柯芬園
網址：www.coventgardenlondonuk.com

史派特菲爾德市集
網址：www.spitalfields.co.uk

207

PART VI

行前
準備

旅行文件

WELCOME TO LONDON

與
跨國交通

 旅行文件

護照

國人出國必須持有效護照證件，申請中華民國護照所需基本文件如下：

- 身分證正本和正反兩面影本。
- 兩吋白底彩色照片 2 張。
- 申請書一份，可事先上網下載表格或至申請地外交部領事事務局領表填寫。

申請護照須備其他文件：

- 未滿 20 歲者須附父母或監護人身分證正本。
- 16 至 36 歲男性，須附相關兵役證件。
- 申換護照者須附舊護照。
- 遺失補發護照者須附國內遺失作廢申報表正本。

INFO 外交部領事事務局

地址：臺北市中正區濟南路一段 2-2 號 3~5 樓
電話：（02）2343-2888
時間：周一至周五 8:30~17:00，每周三延長服務至 20:00。公休周末和國定假日
網址：www.boca.gov.tw
護照規費：一般每本 1,300 臺幣，未滿 14 歲或因為免除兵役義務等導致護照效期縮減者，每本
　　　　900 臺幣
工作天數：一般件 4 天、遺失補發 5 天，急件另收快速件處理費，每提前 1 天加收 300 臺幣，
　　　　最快可隔天領取

法國和英國簽證

　　目前申根國家（含法國）開放臺灣為免簽證國，無須再辦理申根簽證，只需持有效臺灣護照即可，最長可於 6 個月內停留申根國家 90 天。英國雖非申根國家，但持有效臺灣護照者，最長可停留英國不超過 6 個月的時間。

　　但這不表示所有人都可以無條件入境，因此最好備齊以下旅遊相關文件，方便海關人員查詢：

• 來回航班訂位紀錄或電子機票影本。
• 當地旅館訂房證明。
• 英文行程表或當地親友邀請函。
• 個人英文名片或英文財力證明。

法國在臺協會
地址：臺北市松山區敦化北路 205 號 10 樓
電話：（02）3518-5151
傳真：（02）3518-5190
開放時間：簽證周一至周五 9:00~12:00（須預約）
網址：www.france-taipei.org

法國在臺協會官網

英國貿易文化辦事處
地址：臺北市信義區松高路 9 號 26 樓
電話：（02）8758-2088
傳真：（02）8758-2050
開放時間：周一至周五 9:00~12:30、13:30~17:00
網址：　www.gov.uk/government/world/
　　　　organisations/british-trade-cultural-office-
　　　　taiwan.zh-tw

英國貿易文化辦事處官網

跨國交通

國際航空

　　目前有多家國內外航空公司提供臺北飛往巴黎和倫敦的航班，但只有長榮航空可直飛這兩地；另一家國內航空中華航空則搭配德國漢莎航空、荷蘭航空和英國航空等航班公司，可從法蘭克福或阿姆斯特丹等地轉機抵達倫敦，但並未提供臺北往返巴黎的航線。其他同時提供臺北飛巴黎和倫敦航線的國外航空公司包括新加坡、國泰、荷蘭、英國、馬來西亞及泰國（航空）等，航程經新加坡、香港、阿姆斯特丹、倫敦、吉隆坡、曼谷等第三地轉機。搭乘同時營運臺北至巴黎及臺北至倫敦兩條航線航空公司的遊客，可以選擇不同點進出的航班，如此一來只需要搭乘一趟往來於英法間的歐洲之星。

　　不同點進出的航班因停靠航站的不同可能會有價差，以長榮航空為例，臺北至巴黎航線來回航班含稅約 33,300 元臺幣起，臺北至倫敦航線來回航班含稅約 37,100 元臺幣起，臺北起飛、巴黎和倫敦不同點進出的航班含稅約 35,400 元臺幣起；至於荷蘭航空，臺北至巴黎航線來回航班含稅約 41,000 元臺幣起，臺北至倫敦航線來回航班，和臺北起飛、巴黎和倫敦不同點進出的航班含稅後同樣約 44,400 元臺幣起。以上述兩種情況來看，可以選擇搭乘不同點進出並搭配一趟歐洲之星火車的旅程，既可節省一段火車通勤時間和歐洲之星票價，且在行程安排上無須走回頭路，方便又划算。

　　值得注意的是，巴黎有戴高樂和奧利兩座機場，一般國際航班大多停靠戴高樂機場，不過某些歐洲航空公司提供的歐陸段航班（如從阿姆斯特丹到巴黎）可能會被視為「國內線」而停靠奧利機場。同樣的情形也會出現在倫敦，除了一般國際航班停靠的希斯洛外，也可能停靠倫敦城市機場或蓋特威機場等，訂位時記得和航空公司或旅行社票務人員加以確認。

長榮航空：www.evaair.com
中華航空：www.china-airlines.com/ch
新加坡航空：www.singaporeair.com
國泰航空：www.cathaypacific.com
荷蘭航空：www.klm.com/home/tw/tw
英國航空：www.britishairways.com/travel/home/public/zh_tw
馬來西亞航空：www.malaysiaairlines.com/tw/zh_HK.html
泰國航空：www.thaiairways.com.tw

長榮航空官網

中華航空官網

新加坡航空官網

國泰航空官網

荷蘭航空官網

英國航空官網

馬來西亞航空官網

泰國航空官網

歐洲之星為獨特的白色車身搭配黃色車頭，不但擁有專屬候車室，巴黎北站中還設有免稅商店

歐洲之星

　　自從 1994 年 11 月歐洲之星（Eurostar）通車後，就改變了英國與法國、比利時甚至全歐洲間的移動方式，讓這個隔英吉利海峽和歐陸對望的國家，除了海、空交通模式外，又多了一項「陸」上選擇。

　　所謂的歐洲之星，指的是行駛於倫敦←→巴黎←→比利時布魯塞爾（Bruxelle）之間的高速火車，在法國行走的鐵軌使用 TGV 軌道。為了讓火車在兩國間行駛得更為順暢，英國也在 2007 年修築符合 TGV 規格的新軌道，海峽隧道連結鐵路（Channel Tunnel Rail Link），讓倫敦和巴黎之間的車行時間縮短近 20 分鐘，也讓歐洲之星不再受到其他火車軌道調度的影響，因而得以大大增開雙向往來班次，產生更高的經濟價值。

　　白色的車身搭配黃色的車頭是歐洲之星的正字標記，該列車由 20 節車廂組成，路面上的最高時速可達 300 公里，至於在海底隧道中的 21 分鐘，最高時速為 160 公里，但因為平穩舒適，即使在高速行駛的情況下也難以察覺。在今日航空業、特別是廉價航空盛行的年代，你或許會認為人們最常利用往返於巴黎和倫敦之間的交通工具是飛機，不過如果你看見歐洲之星不輸飛機航班、幾乎每小時發一班車的密集程度來看，就不難發現

它受歡迎的程度。

　　的確，搭乘飛機只需一個小時的時間就能往來於巴黎和倫敦之間，不過歐洲之星迷人的地方在於無須前往位於市郊的機場、無須提早 1 至 2 小時辦理登機手續，尤其是位於市中心的火車站直接和所有大眾交通系統串連，讓你無論一抵達巴黎或倫敦，都能在市區輕鬆往來且暢行無阻，省下大筆的時間與費用。最重要的是，搭乘火車旅行還能欣賞沿途的城市風光，不必因起飛或降落而綁在座位上，雖然歐洲之星沒有火車便當，但是你可以在車站或餐車選購沙拉或三明治，或是選擇座位包含餐點的票價，讓移動的同時也成為一段猶如遠足般美妙的旅程！

座位、票種與車票優惠

法國國鐵官網

　　歐洲之星由法國國鐵（SNCF）、英國財政部（HM Treasury）和比利時國鐵（SNCB）共組的歐洲之星國際有限公司（Eurostar International Ltd）統一經營、管理，座位分為尊貴商務艙（Business Premier）、頭等艙（Standard Premier）和二等艙 （Standard）三種，除二等艙票價中不包含餐點外，頭等艙和尊貴商務艙各包括兩道式和三道式餐點，此外，尊貴商務艙還享有 VIP Lounge 以及 10 分鐘快速 check-in（另兩類別艙等為 30 分鐘前 check-in）的特殊禮遇。

　　至於票價方面，若以原價搭乘歐洲之星相當昂貴，以尊貴商務艙來說，單程每人€349(約 13,960 元臺幣)，該座位只出售原價票，其好處在於可以免費換票和退票。不過對大部分人來說，不到 2 小時 30 分鐘的車程其實不必享有那麼多的「尊貴」服務，因此針對二等艙和頭等艙這兩類座位，歐洲之星均推出「出發前可更改一次」的優惠票價（包括 Flexi、Semi Flexi 或 Non Flexi），不過必須收取更改費每人每段 € 40，換票若票種較高需補足差價且不得退票。

　　二等艙的單程票價介於€ 31 至 237（約 1,240 至 9,480 元臺幣），頭等艙則在€ 83 至 299（約 3,320 至 11,960 元臺幣）之間，頭等艙另有身障優惠票及陪伴優惠票。除了越早訂越能搶到好價錢外，訂購尊貴商務艙來回票另可享約 89 折的優惠，至於頭等艙和二等艙，則只有部分周六夜間來回票才享有折扣。

艙等	艙等待遇			票價（單程）
	餐點	check-in	其他	
二等艙	無	30 分鐘	無	€ 31~237
頭等艙	兩道式			€ 83~299
尊貴商務艙	三道式	10 分鐘	VIP Lounge	€ 349

　　此外，如果你持有法國火車通行證（France Rail Pass）、荷比盧火車通行證，以及包含法國或荷比盧（Benelux）的雙國、多國火車通行證，例如：法國＋德國火車通行證，或荷比盧＋德國火車通行證等，只要在通行證效期內，但不必使用到通行證天數搭乘歐洲之星，均可享有「通行證持有者優惠價」（Passholder Fare），實際折扣視搭乘班次和該班次所擁有的優惠票價而異，不過必須事先在臺灣透過旅行社代購歐洲之星火車票，詳細情形可洽臺灣歐鐵票券總代理飛達旅遊詢問。

歐洲之星官網：www.eurostar.com

飛達旅遊
地址：臺北市大安區光復南路 102 號 7 樓（華視光復大樓）
電話：（02）8771-5599
網址：www.gGobBytTrain.com.tw

歐洲之星官網　　　　　　　　飛達旅遊官網

如何搭乘歐洲之星？

　　歐洲之星往來於巴黎北站和倫敦聖潘克拉斯國際火車站（St Pancras International）之間，儘管和兩國的國內線火車共用車站，不過因為是跨國列車，所以搭乘月臺和手續仍和一般的火車有些不同。

　　不同於一般火車只需在出發前登車，歐洲之星因為必須經過邊界，所以設有海關查驗護照，因此，除搭乘尊貴商務艙外，你必須在 30 分鐘前抵達以利辦理 check-in 手續。

歐洲之星有自己的獨立月臺，和其他的月臺均不相通，找到它的專屬入口後，向站務人員出示車票和護照，通常驗票機採插票或刷條碼兩種，在這裡要注意的是，如果你是從巴黎前往倫敦，必須先填寫一份英國入境表，表格可在驗票機前的櫃檯找到，也會有站務人員在此服務或引導。

刷票入站後，排隊準備接受海關人員查驗，從巴黎前往倫敦會先後經過雙方的海關人員，從倫敦前往巴黎則只需要經過一次海關，此時最好隨身攜帶行程、訂房紀錄和機票等相關旅遊文件以供查詢，最後經過簡單的行李查驗，便可抵達候車室休息，等候電子螢幕顯示搭乘月臺指示和相關訊息。值得一提的是，巴黎北站的歐洲之星候車室中還設有免稅商店，提供菸酒、化妝品和糖果等商品銷售服務。

繁忙的巴黎北站終日湧進一波波搭乘火車的人潮，因此出入分子較為複雜，請留心個人隨身物品

巴黎北站 Gare du Nord

　　位於巴黎北部市區內第十區的巴黎北站，是全歐洲最繁忙的火車站之一，主要提供往來於法國北部的列車，以及前往比利時、荷蘭的 Thalys 和英國的歐洲之星等高速火車停靠。歐洲之星的專屬入口位於上層，乘客可隨指示從面對火車月臺的左側上樓，抵達月臺則在一樓，下車後拖著行李便能直接離開。必須注意的是，儘管北站設有地鐵站，不過此區環境複雜、治安較差，因此攜帶大件行李者建議可搭乘計程車前往目的地，此外，也必須留心自己的隨身物品。

寬敞明亮的聖潘克拉斯國際火車站，除設有許多商店和餐廳外，還裝飾著大量藝術作品

倫敦聖潘克拉斯國際火車站 St Pancras International

　　還記得電影版的《哈利波特》嗎？錯過前往霍格華茲火車的榮恩和哈利，開著榮恩父親的車子在一堆麻瓜面前起飛的一幕，就是以聖潘克拉斯國際火車站的外觀為背景。這座和國王十字火車站相通的車站，擁有非常漂亮的維多利亞式建築，落成於十九世紀的它象徵火車旅行的輝煌年代，除了往來英格蘭中部大城的列車外，還有前往巴黎和布魯塞爾的國際路線，因此名稱上加註了「國際」兩個字。火車站面積非常龐大，內部林立多家商店、咖啡館和餐廳，甚至還有飯店，即使等待火車也不擔心沒有地方消磨時光。歐洲之星專屬入口位於靠近國王十字火車站那側入口的一樓。

219

出示歐洲之星車票，優惠的不只一杯

不僅帶你輕鬆來往倫敦、巴黎、布魯塞爾，還可以：

❶ 參觀巴黎奧塞美術館 Musée d'Orsay 等多個特約博物館藝廊，享兩人同行一人免費！
適用展館如下（使用期間：抵達目的地 5 天內皆可使用）。

倫敦 適用展館	巴黎 Paris 適用展館	布魯塞爾 適用展館	里爾 Lille 適用展館
Royal Academy	Musée d'Orsay	BOZAR	Beaux-Arts
Victoria and Albert	Grand Palais	Royal Museum	La Piscine
Tate Modern	Jeu de Paume	Magritte Museum	LaM
Tate Britain	Musée du quai Branly		Le Fresnoy
更多其他展館			MUba Eugène Leroy

❷ 可使用「任一比利時車站優惠價」Any Belgian Station fare (ABS) 搭乘所有比利時
國鐵火車 (ICE 和 Thalys 除外)。

歐洲之星路線 & Free Wi-Fi 熱點

等火車的空檔，就是照片上傳、分享好時機！
擔心離開飯店沒網路？飛達旅遊小祕訣告訴你，快來候車休息室～

 離境休息室、商務休息室
 皆有 Free Wi-Fi

 商務休息室有 Free Wi-Fi

Go By Train
飛達旅遊

(02) **8771-5599**

台中 (04) **2329-3151**
台南 (06) **214-1289**

www.GoByTrain.com.tw

f 坐火車去旅行

更多旅遊趣聞、獨門景點
火車搭乘撇步、即時優惠

倫敦-巴黎雙星 火車半自助之旅

不想跟團走馬看花，又沒時間心力安排行程？
半自助之旅最適合你！火車、飯店、在地導覽、
保險都包含，還可依你喜好做增減！

10 天 7 夜 兩人同行 每人 730€ 起

[歐洲之星 Eurostar 火車票] 倫敦-巴黎 二等艙 單程
[火車票開票手續費] 每張火車票收 6 歐元手續費
[7 晚三星飯店] 雙人房住宿 含早餐
[倫敦旅遊卡] 兩張 1-2 區一天 & 乙張 1-6 區一天
[巴黎交通卡] 乙張 1-5 區三天
[保險] 10 天 200 萬旅行責任險、20 萬意外醫療險

為什麼要找飛達旅遊？

❶ 因為你的機票、飯店、城市交通卡、當地導覽、
保險都可在這一站完成，服務全面、迅速又貼心

❷ 因為有專業的旅遊諮詢顧問提供免費行程建議

❸ 因為別人不知道的「哪些站有 Free Wi-Fi？」、
「持火車票可享哪些周邊優惠？」、「我的座位
旁有沒有插座？」「我抱嬰兒上車要注意什麼？」、
「如何預約身障友善協助？」飛達都可告訴你！

❹ 因為退換票、訂位再也不用怕出錯，有專業
團隊為你處理這些麻煩事。

領取免費旅遊規劃工具！

內含：歐鐵教學手冊、倫巴旅遊攻略、最新優惠

票價如有變動，概依飛達旅遊官網所示為準。
詳見：www.GoByTrain.com.tw

🚆 火車行駛時間
* 需另外加購

哈利波特
倫敦片廠*
巴斯-溫莎   1hr   格林威治
史前巨石*
London 倫敦   1hr
莫內花園   2h30m (Eurostar 歐洲之星)
Paris 巴黎
1h05m   36m   巴黎迪士尼*
塞納河遊河
燭光晚餐

倫敦旅遊通行證

含交通票種可無限搭乘 1-6 區地鐵、
巴士、有軌電車、碼頭區輕軌和 Over-
ground Trains，及部分機場接駁。

倫敦旅遊通行證 (含交通)	成人	兒童
連續 1 天	€ 82	€ 52
連續 2 天	€ 114	€ 80
連續 3 天	€ 145	€ 96
連續 6 天	€ 200	€ 138
倫敦旅遊通行證 (不含交通)	成人	兒童
連續 1 天	€ 65	€ 44
連續 2 天	€ 91	€ 65
連續 3 天	€ 108	€ 73
連續 6 天	€ 143	€ 99

巴黎交通卡

分為 1-3 區及 1-5 區兩種適用範圍。

持巴黎交通卡可搭乘適用範圍內
所有巴士、地鐵等大眾交通工具，
最遠可搭乘至迪士尼樂園、凡爾賽
宮，及巴黎兩大國際機場。

巴黎交通卡 / 1-3 區 二等	成人	兒童
連續 1 天	NT$550	NT$800
連續 2 天	NT$850	
巴黎交通卡 / 1-5 區 二等	成人	兒童
連續 1 天	NT$1,050	NT$800
連續 2 天	NT$1,600	
連續 3 天	NT$2,250	
連續 5 天	NT$2,700	

國家圖書館出版品預行編目資料

早安巴黎。午安倫敦 ： 歐洲之星雙城記 / 彭欣喬 著
-- 初版. -- 臺北市：華成圖書，2015. 04
　面 ；　公分. --（自主行系列 ； B6158）
ISBN 978-986-192-240-9（平裝）

1. 自助旅行 2. 法國巴黎 3. 英國倫敦

742. 719　　　　　　　　　　　　　　　104001894

自主行系列　B6158

早安巴黎。午安倫敦：歐洲之星雙城記

作　　者／彭欣喬

出版發行／ 華杏出版機構
　　　　　華成圖書出版股份有限公司
　　　　　www.farreaching.com.tw
　　　　　台北市10059新生南路一段50-2號7樓
　　　　戶　　名　華成圖書出版股份有限公司
　　　　郵政劃撥　19590886
　　　　e-mail　huacheng@farseeing.com.tw
　　　　電　　話　02-23921167
　　　　傳　　真　02-23225455
　　　　華杏網址　www.farseeing.com.tw
　　　　e-mail　fars@ms6.hinet.net
　　　　華成創辦人　郭麗群
　　　　發 行 人　蕭聿雯
　　　　總 經 理　熊 芸
　　　　法 律 顧 問　蕭雄淋・陳淑貞

　　　　總 編 輯　周慧珀
　　　　企 劃 主 編　蔡承恩
　　　　企 劃 編 輯　林逸叡
　　　　執 行 編 輯　袁若喬
　　　　美 術 設 計　林亞楠

定　　價／以封底定價為準
出 版 印 刷／2015年04月初版1刷

總 經 銷／知己圖書股份有限公司
　　　　　台中市工業區30路1號　　電話　04-23595819　　傳真　04-23597123

☺讀者回函卡

謝謝您購買此書，為了加強對讀者的服務，請詳細填寫本回函卡，寄回給我們（免貼郵票）或 E-mail至huacheng@farseeing.com.tw給予建議，您即可不定期收到本公司的出版訊息！

您所購買的書名/_____　購買書店名/_____

您的姓名/_____　聯絡電話/_____

您的性別/□男 □女　　您的生日/西元_____年_____月_____日

您的通訊地址/□□□□□_____

您的電子郵件信箱/_____

您的職業/□學生　□軍公教　□金融　□服務　□資訊　□製造　□自由　□傳播
　　　　　□農漁牧　□家管　□退休　□其他

您的學歷/□國中（含以下）　□高中（職）　□大學（大專）　□研究所（含以上）

您從何處得知本書訊息/（可複選）

□書店　□網路　□報紙　□雜誌　□電視　□廣播　□他人推薦　□其他

您經常的購書習慣/（可複選）

□書店購買　□網路購書　□傳真訂購　□郵政劃撥　□其他_____

您覺得本書價格/□合理　□偏高　□便宜

您對本書的評價（請填代號/ 1. 非常滿意 2. 滿意 3. 尚可 4. 不滿意 5. 非常不滿意）

封面設計_____　版面編排_____　書名_____　內容_____　文筆_____

您對於讀完本書後感到/□收穫很大　□有點小收穫　□沒有收穫

您會推薦本書給別人嗎/□會　□不會　□不一定

您希望閱讀到什麼類型的書籍/_____

您對本書及我們的建議/

廣 告 回 信
台 北 郵 局 登 記 證
台 北 廣 字 第 0 0 0 5 2 6 號

免 貼 郵 票

華杏出版機構

華成圖書出版股份有限公司　收

台北市10059新生南路一段50-1號4F　TEL/02-23921167

（沿線剪下）

（對折黏貼後，即可直接郵寄）